国家社科基金一般项目："本土媒体报道国际新闻的跨文化伦理问题与解决路径研究"（项目号16BXW059）

广东外语外贸大学后期资助项目《中国媒体的跨国跨文化报道困境与出路》（项目号：15H5）

中国新闻媒体跨国跨文化采访报道的困境与路径研究

A Study on Predicaments and Solutions of China's News Media in Covering Transnational and Intercultural Stories

唐佳梅＼著

人民出版社

目　录

绪　论 …………………………………………………………………… 1

第一章　空降海外新闻现场的中国记者 ………………………… 60

第一节　国际新闻从业群体的主要类型 ……………………… 60

第二节　中国空降记者的背景与特征 ………………………… 63

第二章　跨国跨文化报道的生产问题与困境 ………………… 69

第一节　“观光客记者”的挫败 ………………………………… 69

第二节　异邦的“距离”：不易到达的现场………………………… 76

第三节　新闻生产的国内化偏向 ……………………………… 81

第四节　国际报道中的伦理问题 ……………………………… 96

第五节　多重因素影响的生存风险………………………………… 102

第六节　共同体的幻象——多样多变的职业意识………………… 108

第三章　解决路径的分析与探讨 ……………………………… 114

第一节　新闻生产及其影响因素研究…………………………… 114

第二节　空降报道从业者因素…………………………………… 119

第三节　海外报道生产常规……………………………………… 123

第四节　海外报道的媒介环境…………………………………… 132

第五节　解决路径的理论依据…………………………………… 134

第六节　解决路径的探讨………………………………………… 136

第四章　球土化的跨国报道及展望 …………………………………… 157

附录一：调查问卷 ……………………………………………………… 170
附录二：访谈提纲 ……………………………………………………… 176

参考文献 ……………………………………………………………… 178

后　记 ………………………………………………………………… 196

绪　论

2014年3月，马来西亚MH370航班失联成为全球媒体的关注焦点，对该事件的报道成为各国媒体同题报道的比较平台。航班乘客绝大多数为中国公民，中国记者纷纷赶赴事件涉及的越南、马来西亚、澳大利亚等国进行报道。参与报道的中国媒体不仅包括在涉事地区派有常驻记者的国家级媒体，还有来自全国各地的地方性媒体、行业媒体和网络媒体。这些媒体多无常规驻外记者，临时抽调国内记者“空降”海外事发地，构成跨国、跨文化报道中的“空降记者”（parachute journalists），这类记者平时在国内报道新闻，并不常驻境外，只在新闻发生时奔赴海外现场进行报道，因而被称作国际新闻报道中的“空降记者”。在此次马航报道中，“空降记者”人数超过媒体“国家队”的驻外记者，中国记者规模超过其他国家，“在南印度洋报道的后期，除了常驻的中国媒体外，还有大批来自国内的记者蹲守在珀斯这个偏居澳大利亚西端的城市。如果仅从媒体数量来说，中国媒体的数量已经超过了前来采访的澳大利亚本地媒体数量”①。然而，在这场中国记者与各国记者同台报道的突发事件中，中国媒体的总体表现遭到国内各界诟病，批评的声音来自普通公众、新闻传播学界以及新闻从业者群体，指责中国媒体过度煽情、不够客观中立、采访失联者家属造成二次伤害有悖职业伦理，质疑中国记者未能挖掘到核心信息不够专业等问题：

① 邓黎：《马航报道：中国记者在努力》，《新闻战线》2014年第5期。

马航事件新闻战——几乎所有的干货都是纽（约）时（报）、华尔街（日报）、路透（社）、BBC等英美媒体挖出来的。反观中国媒体，除了搬运外媒，就只会一遍遍喊着“马航，我们等你回家，为你祈祷”作苍白廉价的煽情。中国媒体当然不止有“苍白廉价的煽情”，也有大量记者奔赴吉隆坡的新闻发布会，也有记者登上巡航搜索的军舰、飞机，就像他们近些年出现于伦敦奥运会、索契冬奥会一样。但是，与其说这反映了中国媒体的经济实力，不如说更深刻地反映了中国社会的经济实力。实际上，不仅是重大体育赛事，只要国内受众足够关注，天涯海角都可能在短时间内集聚着中国记者。但这又怎么样呢？在马航事件中，中外媒体的对比告诉我们：仅仅“到达”，仍然不是“媒体的力量”本身。①

围观马航失联事件，CCN、美联社、路透社、纽约时报等，基本垄断了关键信息的发布权，并对马来西亚形成倒逼反证，从而拼凑相对完整的信息流。从这种意义讲，中国没有一家真正的国际媒体，自然提供不了核心信源。信息时代，所谓大国，以及软实力，拥有一个国际媒体组合也应该是大国的标配，利大于弊。②

传统意义上的“新闻现场”无法涉足，加上马方的新闻发布严重滞后，从而使得主动进行信息挖掘成为媒体“突围”的不二之选。尽管新华社等国内媒体在获取独家新闻方面也有不俗的表现，但在数据挖掘方面要大大落后于国外媒体。③

---

① 马少华：《无法到达的新闻现场》，2014年3月18日，见http：//dajia.qq.com/blog/338631007998481.html

② 罗昌平：《威权陷阱与马来戈壁》，2014年3月15日，见http：//t.qq.com/p/t/233488036514795

③ 王君超：《马航报道三问》，《新闻战线》2014年第5期。

为什么中国记者在海外报道的表现不尽如人意？为什么各地媒体不采用通讯社的报道而要自己派出记者？中国新闻媒体派出记者空降海外的目的及意义何在？在海外报道的新闻现场，各类媒体的记者们遭遇哪些困境？这种报道模式和生产过程存在什么问题？探讨上述问题应当首先了解国际新闻报道在全球和中国的发展历程与变化趋势。

国际新闻的发展演变

跨国跨文化报道是国际新闻的重要组成部分，国际新闻的内涵在全球化语境下正发生质的演变。第一类演变是国内新闻与国际新闻分类标准与形态的演变。传统国际新闻主要以民族一国家（nation-state）的地域界限为划分标准，在某国境内发生的新闻为国内新闻，境外发生则称为国际新闻。此划分标准导致国内新闻与国际新闻对于每个国家或地区的内涵不尽相同，各国都以本国为标准区分国内与国际新闻，同一新闻对于某国而言是国内新闻，对于其他国家则是国际新闻，每条新闻同时具有国内和国际新闻两种属性，必然存在边界模糊和双重属性的问题。随着全球化发展不断深入，新闻报道进入全球化时代，呈现出“球土化”（从全球到本土 from global to local）和“土球化”（从本土到全球 from local to global）的双向互动与融合趋势。新闻球土化（glocalization）趋势主要表现在国际新闻报道的本土化、国内化倾向，而土球化（loglobalization）趋势体现于国内新闻的全球化、国际化倾向。两种趋势并行，原本与本国无关的国际报道增加了国内化的视角与关联，原本没有国际因素的国内报道被赋予了全球的视野与角度。

随着新闻“全球”与“本土”双向互动与融合的发展，传统意义上“国内”与“国际”新闻的地域界限逐渐模糊，新闻生产过程的全球化导致一则新闻的采写跨越不同国家，同时具备国内与国际的角度与视野，形成国内与国际的传播效果与影响力。在此意义上，传统标准已很难反映国际新闻与国内新闻相互渗透的现状，新闻实践需要新的标准以反映国际新闻报道生产过程全球化的演变。新闻全球化语境下，界定标准不再是新闻发生地的地域界限，而以新闻生产过程是否跨国作为分类标准。凡是新闻采访报道过程跨越国界可称作国际新闻，反之则为国内新闻。

本书对国际新闻的界定将依据这种标准，在此标准下跨国生产的新闻报道可细分为以下三种子类别：第一种为“本土化”的国际新闻，即在国外新闻事件中增加与国内相关的元素和视角；第二种是“国际化”的本土新闻，即国内新闻议题的跨国生产，为国内报道增加国际的视野与角度；第三种为“去本土化”的国际新闻，在报道国外新闻事件时不关联国内视角，淡化本土倾向性。上述分类近似于学者欧纳森（Olausson）在归纳国际新闻“国内化”和“本土化”的三种模式中所区分的内向国内化、外向国内化和反向国内化模式①。内向国内化对应本土化的国际新闻，外向国内化对应国际化的本土新闻，反向国内化则对应去本土化的国际新闻。

第二类演变是国际新闻从垄断到多样的演变。国际新闻是国家经济、政治与文化影响力的反映，国际新闻流动（international news flow）研究中的中心一边缘（core一peripheral）理论正是依据对国际新闻的垄断程度将各国区分为“中心国家”和“边缘国家”，中心国家垄断了大部分国际新闻，边缘国家与半边缘国家对全球国际新闻的产出与影响微弱②。这种垄断导致国际新闻出现以少数国家为中心的新闻选择标准与内容偏向，国际新闻垄断与偏向转变的内、外诱因分别来自世界政治、经济与文化权力与影响力格局的改变，以及对新闻产业和国际报道的规划与投入。在这种动态变化中，一些原本处于国际新闻“边缘”

① Olausson U.，“The diversified nature of ‘domesticated’ news discourse：The case of climate change in national news media”. *Journalism Studies*，Vol. 15，No. 6，2013，pp711—725.

② Galtung J.，“*Global Glasnost*：*Toward a New World Information and Communication Order?*” Cresskill，NJ：Hampton Press. 1992.

或“半边缘”地位的发展中国家或转型社会，例如卡塔尔、俄罗斯、中国，国际新闻流动与报道影响力崭露头角，虽然尚未撼动原有“中心”国家的地位，但在垄断和偏向中呈现不同的声音和视角，推动国际新闻从垄断到多样的演变。

除了国家力量驱动的国际新闻流动与偏向改变，国际新闻多样性演变的另一种动力来自非政府、非媒体、非营利性组织或个人的国际报道尝试。边缘或半边缘国家的发展在一定程度上稀释了原有中心国家的垄断程度，但由政府主导的国际报道存在国家主义的意识形态偏向，研究者们认为国际新闻旨在维护一国海外利益，比国内新闻报道更难做到独立、客观和公正[①]。这意味着“边缘国家”政府驱动的国际报道虽然促进了国际新闻选择与来源的多样化，但其内容偏向仍有先天制约。在对国际新闻内容偏向的诟病中，新的国际报道模式开始出现和发展。

新国际报道尝试包括如下几种类型：第一种是公民的国际报道实践，以个体身份参与新闻制作过程，参与方式包括提供原始新闻素材、自愿协助媒体记者工作、翻译整理、独立制作等，如美国前副总统戈尔制作的环保调查报告《不可忽视的真相》即属此类。通过互联网或移动终端平台为媒体或自媒体提供跨国报道素材的“用户生产内容”（UGC）模式也属于这类尝试。第二种由非政府、非媒体或非营利性组织驱动进行国际报道，一些组织按照特定标准选择合适的职业记者、自由撰稿人、新闻专业学生或其他背景的公民个体，提供资金和其他帮助完成国际报道。这种报道模式一部分具有明确要求、指向或诉求，一部分则没有具体诉求。例如，一个基金组织为新闻专业学生提供奖学金，资助他们一年或两年游历被现有国际新闻忽视或遮蔽的边缘国家，鼓励

---

① Sreberny—Mohammadi A.，“How US media covers the world”. in Downing J.，Mohammadi A，Sreberny—Mohammadi A（eds）*Questioning the Media*：*A Critical Introduction*. London：Sage，1995，pp296—307.

Pedelty M.，*War Stories*：*The Culture of Foreign Correspondents*. New York：Routledge，1995.

学生在充分了解该国文化与社会背景的前提下去发现题材及采访报道，但对其报道选题、内容和数量并没有明确限定和要求①。一些组织多由基金会赞助设立国际报道项目，当主流媒体缩减国际报道时，这些项目支持海外报道继续发展。例如伦敦的“战争与和平报道研究院”，关注精英媒体忽视地区的报道，协助培训记者，资助自由撰稿人旅行和研究，并帮助这些国际报道通过主流媒体刊发。国际报道项目还资助美国记者在地区冲突的前、后阶段，而不是在冲突发生时奔赴发展中地区，报道主流媒体忽略的议题，通过报道预警当地的冲突可能性②。

第三种新国际报道模式是社会组织或非营利性组织直接参与国际报道实践。一些公民团体或组织针对国际新闻的同质化和倾向性问题，试图推动跨国报道的多元化、多样性发展，通过全球各地同道者的志愿行动参与跨国报道。例如，成立于2004年的“全球声音”志愿组织(Global Voices)，联合世界各地社交媒体中的博客作者，实时翻译各国新闻及网络论坛中的报道，为新闻事件提供多国、多文化、多角度的呈现和解读。而主要由海外中国留学生组成的“译言”团队，吸引了为数众多的中国志愿者参与翻译世界主流精英媒体的国际报道，让国内受众了解更多的国际媒体报道。一些获得资助的非营利性国际报道网站，通过搭建媒体记者与各国专家的合作与交流平台，专注国际新闻的分析评论与解释性报道，通过特定网站发布并允许传统媒体免费转载使用。始于澳大利亚的“对话”（The Conversation）网站就是这种模式的尝试平台，目前该网站已在英国、美国和非洲等地建立分支，提供不同区域的解释性国际新闻报道。无论是公民个人、志愿团体还是其他社会组织参

---

① Hamilton. M. J.,“Foreign Correspondence: one age ends, another begins”. in Clarke J., Bromley M. (eds), *International News in the Digital Age.*, New York: Routhledge, 2012, pp211—221.

② Otto F., Meyer C. O., “Missing the story? Changes in foreign news reporting and their implications for conlict prevention”. *Media, War & Conflict*, Vol. 5, No. 3, 2012, pp205—221.

与或资助的国际报道实践，都试图通过自主设置被主流新闻媒体忽视的国际报道议题，或培养独立客观的国际报道从业者，呈现新闻议题的多重视角，探索更多样化的国际新闻。这些形态与尝试尚在起步阶段，却成为推动国际新闻在选择与内容方面从垄断到多样化的重要力量。

第三类演变是国际新闻的制约因素从政治到商业化影响的演变。在冲突、战争、冷战、反恐等非和平时期与社会非常状态下，国际新闻常常成为冲突各方的宣传工具或信息战手段，国家安全、国家利益与国际关系等因素成为影响国际新闻的主要因素①。9·11后美国媒体曾集体反思新闻报道中爱国主义、国家利益与国家安全等政治诉求的偏向影响了新闻的客观中立。在冲突与战争时期，国际新闻更容易因冲突各方的信息诉求而成为代表各方利益的“罗生门”，偏离新闻报道的独立、客观与中立。政治因素对国际新闻的影响不仅存在于社会非常时期，在以和平与发展为主调的时期，不同研究表明：国际新闻为一个国家的海外利益与关系服务，而海外利益与关系即使在和平时期也处在恒久的变化和博弈之中。因此，总体而言，政治因素对国际新闻的影响比对国内新闻更大②。

二战以后全球进入相对稳定时期，世界局势的主线是和平与发展，传媒产业在稳定带来的飞速发展中经历了全球化的竞争与经营压力，也

---

① Nossek H.，“Our News and their News：The Role of National Identity in the Coverage of Foreign News”，*Journalism*. Vol. 5，No. 3，2004，pp 343—368.

Lee C. C.，Yang J.，“Foreign news and national interest：Comparing U. S. and Japanese coverage of a Chinese student movement”，*International Communication Gazette*. Vol. 56，No. 1，1996，pp1—18.

② Sreberny-Mohammadi A.，“How US media covers the world”. in Downing J，Mohammadi A Sreberny - Mohammadi A (eds) *Questioning the Media：A Critical Introduction*. London：Sage，1995，pp296—307.

Pedelty M.，*War Stories：The Culture of Foreign Correspondents.*，New York：Routledge，1995.

Skurnik W. A. E.，“A new look at foreign news coverage：External dependence or national interests?” *African Studies Review*，Vol. 24，No1，1981，pp 99—112.

遭遇新媒体技术对传统传媒产业的冲击与挑战，使许多传统新闻机构面临经营与生存危机，传媒业转型成为当代新闻产业最迫在眉睫的压力与难题。在全球传媒产业都在谋求转型以应对生存危机的生态下，商业化因素逐渐取代政治因素对传媒产业产生重要影响。商业化影响表现在新闻机构对成本的压缩，对受众、市场、媒体所有者与广告商的迎合。在国际新闻报道领域，商业影响体现在新闻机构大幅缩减驻外记者，关闭海外记者站以压缩成本；增加空降记者，减少报道投入与规模；迎合本地受众与市场导致国际新闻的"国内化"倾向，国际报道愈发强调"本土化"的视角与关联，内容取舍与偏向都受到国内受众的兴趣与偏好影响。

上述三类国际新闻的发展演变趋势会对全球范围内的国际报道带来何种问题？在2008年为TED准备的演讲《关于新闻的新闻》（News about News）中，美国国际公共广播（Public Radio International）首席执行官米勒女士（Alisa Miller）使用可视化数据呈现了国际新闻的一系列问题：新闻机构将国外通讯分社数量削减一半；本地电视新闻中只有12%是国际新闻；皮尤研究中心和哥伦比亚新闻学院分析发现谷歌（Google）新闻首页上的14000条报道其实是在重复24条新闻；同样，一份有关互联网内容的研究表明，美国新闻机构报道的世界新闻在重复美联社和路透社的报道；在米勒女士统计当月的美国新闻中，美国新闻占79%，其余的21%均为有关伊拉克的新闻，其他国家的新闻很少。俄罗斯、中国和印度的新闻仅占1%。但与此同时，调查数据显示，密切关注世界新闻的美国受众比例已上升至50%，受众对国际新闻关注度随着全球化程度的深入呈现增长趋势。米勒在演讲中提到，美国媒体报道国际新闻的问题包括报道量不足、本土中心主义、同质化等①。

---

① Miller. A.，How the News Distorts Our Worldview，2008年3月，见http：//www.ted.com/talks/alisa_miller_shares_the_news_about_the_news？language＝zh－tw.

全球国际新闻发展演变的现状可总结为如下几点：首先，新技术给传统媒体带来经营压力与生存危机，促使媒体向本土化、商业化转向。传统媒体的国际新闻报道量与驻外记者人数呈削减态势，国际新闻被国际通讯社主导的局面更加显著。其次，部分发展中国家或转型国家在经济发展刺激下，国际新闻逆势增长，但无论是规模或影响力，全球国际新闻仍被“中心国家”的媒体所主导。第三，现有国际新闻与跨国报道因其文化中心主义、同质化、缺乏多元化和多样性被诟病。国际新闻内化政府政治外交议程、国内化与本土化偏向明显，比国内新闻的专业主义程度更弱①。第四，传统新闻报道模式依旧主导国际新闻生产，但新的国际新闻理念与实践不断涌现，例如冲突敏感型报道（conflict－sensitive reporting）、和平新闻主义（peace journalism）等。中国地方媒体试图突破限制而派出记者进行跨国采访报道，也是本土新闻媒体应对全球化挑战的一种新尝试。

中国的国际报道与从业记者

在全球国际新闻的发展语境下，中国媒体的国际新闻报道又呈现其个性化特征与独特的本土生态，经历了从国家到地方、从常驻到空降的转变。中国媒体国际报道的供稿来源主要包括以下三部分：国外媒体（外国通讯社及其他外国媒体）、新华社、国内其他媒体。按照惯例，国家级的主流媒体和部分地方的大报大台在一些国家设有记者站，以自采和编译稿件为主，其他媒体刊发国际新闻需用新华社供稿。因此，从理论上讲，除了部分媒体依靠自己的驻外记者采写或编译跨国报道外，新华社报道是其他中国媒体的最主要来源。但实际上一些媒体尝试突破这一惯例，通过编译外国通讯社与外国媒体的新闻，或派出空降记者进行

① Nossek H.，“Our News and their News：The Role of National Identity in the Coverage of Foreign News”. *Journalism*，Vol. 5，No. 3，2004，pp 343—368.

跨国采访报道等方式，生产差异化的国际新闻以应对越来越激烈的行业竞争。这种尝试是中国媒体突破局限，在制约与压力形成张力的媒介环境中进行突破的一种尝试。对中国地方报纸的国际新闻研究发现，面对传媒产业变革，中国地方性报纸逐渐实行一种对策性战略，在不违反政策规制前提下追求减低成本和提升回报。20 世纪 90 年代前大部分地方报纸的国际新闻均使用新华社稿件，后来一些媒体开始补充其他国际新闻来源，包括编译、时评和空降记者报道。大部分地方报纸没有驻外记者，就与国外华文报纸合作推出国际版本，报社国际部的作用是尽量本地化新闻内容。虽然进行这些尝试，但大部分报纸仍主要依赖新华社和其他几家国家级媒体。① 大量地方媒体使用新华社等中央级媒体的自采稿件，同时适当根据新闻的接近性或趣味性派出记者进行采访，尝试自主报道国际新闻②。

编译外电的方式因其成本低廉且来源丰富被不少媒体采用，但也存在两大风险：其一为版权问题，多数媒体（尤其是地方性媒体）编译国际通讯社或外国媒体的新闻并非付费购买专稿，而是通常采用编辑＋翻译的方式整合为“综合（编译）报道”，但仍存在侵权风险；其二为违规风险，外电与外媒的新闻框架与偏向可能与新华社报道相异，编辑在处理时如果忽略这种差异或冲突，就可能承担违反规定的责任，一些地方媒体曾发生过因编译国际新闻而触发违规的事件。为了规避风险采取迂回战术，一些编辑在互联网上选好英文新闻素材，然后发给新华社编译，最后再以新华社的名义刊登，通过新华社“过一道手”可以提高稿件的“安全性”③。临时派出空降记者进行跨国报道解决了第一种方式的版权问题，降低了编译新闻的违规风险，但其自身存在另外两种问

① Song Y. Y., Chang T. K., “The news and local production of the global: Regional press revisited in post－WTO China”, *International Communication Gazette*, Vol. 75, No. 7, 2013, pp 619—635.

② 周庆安：《中国国际新闻报道的趋势与转型》，《新闻与写作》2011 年第 3 期。

③ 刘小彪：《京沪穗宁报纸国际新闻报道现状研究》，《新闻实践》2009 年第 3 期。

题：其一为成本压力，跨国采访报道预算较高，并非每家媒体都具备出国采访的经济实力和充足预算；其二是空降记者跨国报道突破了地方媒体使用新华社稿件的惯例，存在被限制或禁止的可能性。

两种尝试都存在不同程度的风险，仍有不少媒体进行尝试。社会转型导致传媒与新闻生态的转变，最终催生媒体实践的突破与变化。从社会进程来看，全球化发展使各国各文化的沟通融合不断加强，中国经济发展意味着全球化卷入程度不断深化，公众对于全球信息的需求不断增长，市场对于国际报道的需求稳步加强。从中国新闻生态来看，传媒体制变革使中国媒体的新闻产品具有宣传与信息的双重属性，传媒产业一直在制度制约与尝试突破的博弈中转型、探索与进退，这种“限制”与“突围”式的实践体现在传媒发展的方方面面。

在国际新闻报道实践中，制度限制导致新闻同质化，使其竞争力减弱，在市场需求和竞争的驱动力下，媒体开始寻求突破同质化的路径，通过博弈与突围规避信息单一化，使国际新闻报道成为新的竞争增长点。媒体、政府与市场三种力量互相推拉的结果导致媒体在商业压力下，通过编译外电与派出空降记者的方式，突破新华社供稿的限制，赢得市场竞争。这种突破虽然存在一定风险，但仍有发展空间，越来越多的媒体开始尝试拓展国际报道领域，通过编译外电与派出空降记者的方式自主制作跨国报道，生产差异化、特色化的国际报道，使之逐渐成为一种常规实践。

在上述国际新闻的本土生态下，从20世纪90年代开始，中国媒体外派记者空降海外现场始于地方媒体，北京与广东媒体率先派出记者进行跨国报道，奔赴境外新闻现场已不再是主要国家级媒体的专利。市场化媒体、地方性媒体、行业化媒体与网络媒体各自加入跨国采访报道的行列。对于大部分中国媒体而言，跨国采访报道还是正在起步的新实践，没有明确针对某些媒体的准入限制，因而参与国际报道的媒体形态呈现多样性。根据既有研究、问卷和访谈的结果，这种多样性中又呈现出某些特点：其一，地方媒体跨国报道发展不均衡，地域差别显著。总体而言，京、沪、穗三地媒体的国际新闻报道水平在国内地方媒体中居于领先地位[1]，属于空降跨国报道地方媒体第一梯队；成都、湖南、陕西、江苏等地市场化媒体发展较好的地区属于第二梯队，其他地方媒体则属于较少或没有任何空降跨国报道的第三梯队。其二，网络媒体发展迅速，在马航失联、足球世界杯赛等重要跨国采访报道中，腾讯、新浪、网易等网络媒体组织投入报道的规模和装备，给传统媒体的记者们留下深刻印象。CPJ025 号受访记者提到："我们报社就派了两个人去报道世界杯，每天写稿写得要死，腾讯花两亿预算去做世界杯，建了自己专用的采访间和工作室，有实力付费请到球星做专访。" CPJ020 号受访记者也谈到了腾讯对跨国体育报道的重视："在体育报道方面，近来最猛的创新是腾讯，除了成立捷报联盟外，这次还组织了 70 多人的好几个团队进驻巴西各城市，而且都有自己的工作室，以视频和策划见长。传统媒体的精英都去了网络做管理层，所以他们的策划真是全方位很棒，只不过现在网媒的记者还相对比较年轻，但经过历练他们成长后，传统媒体可能根本没办法和他们竞争。" CPJ029 号受访记者对网络媒体在娱乐新闻跨国采访方面的投入也表达了羡慕之意："我们出国去采访电影节主要只去戛纳和威尼斯，网络媒体去得多，新浪啊，时光网啊，他们都是组织团队去，去格莱美，奥斯卡都去。"

"空降"海外报道的新闻实践

中国媒体，尤其是地方媒体派出记者进行跨国采访报道的目的何在？空降记者报道国际新闻有无必要？从全球范围来看，跨国报道主要由国际通讯社提供，部分具有国际影响力的精英媒体或国家媒体会派出驻外记者或空降记者进行跨国报道，但一个国家的地方性、区域性媒体较少投入成本不菲的跨国报道。传统媒体在新技术冲击下面临转型压力

① 刘小彪：《京沪穗宁报纸国际新闻报道现状研究》，《新闻实践》2009 年第 3 期。

和经营危机，全球范围内驻外记者和跨国报道都在大幅度削减，国际新闻的比例也在不断下降。可是，中国媒体逆势而行，地方媒体积极参与跨国报道，这种增长的动力或目的何在？CPJ024号受访对象，一位南方地区地方电视媒体国际新闻的负责人对此解释如下：“中国地方性媒体在概念和内涵上与其他国家的地方性媒体有显著区别，许多地方媒体都具有全国性的覆盖力和影响力。中国地方媒体与美国不一样。我们电视上星，国内观众都能看到，你说这是地方媒体还是全国媒体？我们一些地方媒体，像上海《东方早报》，定位就是全球视野的。我们一个地方，从地理和人口意义上来说都相当于人家一个国家了。我感觉美国地方媒体更像是社区媒体，而我们的地方媒体，作为国家属性的主流媒体，大事发生必须在场，这是一种实力和责任的彰显。”CPJ011号受访记者也认为“地方媒体做国际报道就是在做品牌，国际报道最能体现媒体影响力，大事发生重要媒体必须在场。”

上述访谈对比中国地方性媒体在区域覆盖率、受众影响力和品牌定位方面与其他国家传统意义上的“地方媒体”存在明显差异。事实上，在传媒体制与属性构成多样的中国媒介生态下，一些地方性媒体在市场化经营与影响力方面比全国性媒体更为成功，并不局限于本地发展，品牌定位为全国甚至全球性媒体，地方性媒体与全国性媒体在同一平台竞争。新媒体技术的推动使地方媒体更轻松突破地域的限制，通过网站、移动终端、微信、微博和其他应用开发，地方性媒体与全国性媒体在渠道上消除了差异，到达全国和全球的用户与受众。2014年年末，《南方周末》在创刊三十年之际发表改版宣言，宣称优秀的传统媒体不会消亡，新的改版除了要坚持精品化、数字化战略之外，“还将大幅提高国际新闻比重。从今往后，无论是战火纷飞的中东、经济动荡的美欧，还是疾病肆虐的非洲，《南方周末》的记者将出现在任何值得报道的国际新闻现场。我们要追随中国崛起的步伐，迈向真正的世界一流媒体。”[①]在谋求全国甚至全球影响力的品牌定位下，在技术带来的“全球化”可能性下，这类媒体都将国际报道视为必要且重要的领域。

另外一种解释则认为，中国媒体“一城多报”、“一城多台”的现状必然引发媒体间的相互影响、竞争与羊群效应。积极实践跨国报道的北京、上海和广州的媒体，都处在同城多家媒体的激烈竞争中，新闻同质化使国内报道领域的竞争愈加激烈，创新难度加大，跨国报道成为同城媒体打造品牌形象、赢得竞争的新领域和新增长点。CPJ018 号受访记者认为地方媒体做跨国报道始于行业竞争的必然——“地方媒体做跨国报道最初是在 2000 年左右，由北京、广州两地开始。当时因为媒体竞争激烈，国内新闻同质化严重，想开辟新的突破口。从那以后成为惯例，你去了我也得去，都要追求到场的影响力。”CPJ016 号受访者也谈到：“现在国内新闻、本地新闻的同质化太强，所以地方媒体要通过策划的、原创的国际报道去搞差异化，赢得受众。”

综上所述，中国国际新闻投入与派出记者的逆势增长，有其必然性与必要性。从全球生态与发展趋势来看，传统驻外记者的国际新闻生产方式在减缩，但非政府、非媒体、非营利性力量所驱动的新报道尝试在增长，意在完善传统生产方式下的国际报道，促进国际新闻更加多元与独立，国际报道实践的多样化发展成为一种显性趋势，中国媒体派出空降记者进行跨国跨文化报道也是其中一种尝试。从中国的社会发展语境来看，综合国力增强使中国的全球化程度不断加深，对国际信息、国际新闻的市场需求随之增长，刺激中国媒体对国际新闻的供应量增加，空降记者的出现与发展正是市场需求刺激行业实践发展的反映；地方媒体这种探索性尝试获得了存在与发展的空间，驻外记者、空降记者以及其他国际报道实践共同构成了中国国际新闻的立体化生产格局，结束了原

---

① 南方周末编辑部：2014《改版致读者：只做精品》，2014 年 10 月 9 日，见 http://www.infzm.com/content/104600。

本单一的、同质化的生产模式；从新闻行业发展的语境来看，空降记者加入国际报道领域既源于行业竞争的需要，有助于增强国际报道的市场竞争力，还意味着中国记者报道空间的国际化拓展与报道视野的国际化转变，最终将有益于完善中国新闻媒体的国际报道。

问题与相关研究

虽然中国记者参与跨国报道有其必然和必要性，但这种起步未久的新实践遭遇不少困境，马航报道备受批评正是这种报道模式存在各种问题的反映。基于上述研究背景，本书试图回答如下问题：

（1）中国媒体派到国外报道新闻的记者是什么样的记者？他们在跨国跨文化报道过程中遭遇哪些困境？

（2）中国媒体“空降”记者到海外报道哪些类型的新闻？其新闻生产过程有什么样的制约和影响因素？存在什么问题？

（3）如何解决这些中国记者所面临的困境和问题？当前迫切问题得到改善以后，中国本土媒体和记者在新闻全球化语境下提升国际报道能力还需要探讨哪些议题？

与上述问题相关的既有研究述评从以下相关领域展开：国际传播与国际新闻研究，旨在厘清国际传播研究的宏观脉络与趋势，对国际新闻研究的梳理为跨国报道研究提供直接的研究理论框架和参照；新闻从业者研究从传播者维度考察人对传播过程与结果的作用与影响，对驻外记者与空降记者的研究为考察中国记者奠定了比较基础；国际新闻职业规范研究对既有主导职业伦理规范是否具备跨国、跨文化报道的适应性提出质疑与重构设想，探讨什么样的职业规范才能指引国际报道走向多样、客观与公正，从国际新闻伦理重构的路径探讨全球化时代国际新闻报道的完善可能，对本书反观中国记者的国际新闻生产问题及其解决路径具有另辟蹊径的启发性。对上述领域的研究述评立足于重要成果与总体研究的归纳，同时结合该领域研究的最新进展。

（一）国际传播与国际新闻研究

国外对新闻媒体国际传播的研究主要在理论和经验层面展开，理论研究从以下三种视角进行：首先，从国际新闻传播结构和系统问题的研究揭示国际传播的不平衡，以华勒斯坦（Wallestein）的世界体系理论为代表的“依赖/全球系统论”（Dependency/World System Theory）认为在全球系统中所有国家相互依存，但经济力量差异导致了国与国之间不平等，发展中国家对发达国家在各方面形成依赖①。盖尔顿（Galtung）试图用“帝国主义结构理论”（Structural Theory of Imperialism）来揭示这种依赖关系的实质。他提出著名的“中心一边缘结构”（Core—Periphery Structure）概念，认为在“中心一边缘”结构中，发达国家处于中心地位，发展中国家处于边缘地带。在中心国家与边缘国家之间还存在另外一级：半边缘（Semi—periphery）国家，在二者之间起着桥梁作用，这种结构实质上是全球帝国主义的表现②。现在的“中心一边缘”国家划分情况是：美国、西欧（特别是英、德、法）、日本、加拿大为中心国家；其他欧洲国家（如瑞典、瑞士、俄罗斯）、亚洲的中国、韩国、新加坡、马来西亚、拉美的阿根廷、墨西哥，非洲的埃及为半边缘国家；而大多数发展中国家则被划为边缘国家③。

汤林森（Tomlinson）的“文化帝国主义（Cultural Imperalism）”和“媒介帝国主义（Media Imperalism）”则认为强势国家通过新闻媒体国际传播对弱势国家输出文化和价值体系④。相关研究成果还包括席

① Wallerstein I.，*The Modern World System*，New York：Academic Press，1974.

② Galtung J.，*Global Glasnost：Toward a New World Information and Communication Order*，Cresskill. NJ：Hampton Press.，1992.

③ Chang T. K.，“All countries not created to be news”，*Communication Research*. Vol25，1998，pp528—563.

④ Tomlinson J.，*Cultural Imperialism：A Critical Introduction.*，Baltimore. MD：Johns Hopkins University Press.，1991.

勒（Schiller）的著作《传播与文化统治》[①]；滕斯托尔（Tunstall）的著作《媒介是美国的》[②]；莫斯柯（Mosco）的著作《传播政治经济学》[③]；摩拉纳（Mowlana）的著作《全球信息与世界传播》[④] 等，从批判的政治经济学维度、文化研究维度与社会结构维度揭示国际新闻不平衡传播的结构性根源。

其次，对国际新闻传播秩序规范的研究探讨如何改变国际传播中的不平衡结构，经典报告《多种声音，一个世界》提出国际传播新秩序应当增进各国相互了解，促进世界和平。对新媒体技术如何改变国际传播格局的研究当代逐步增多但结论各异，部分研究认为技术无法改变权力和经济因素造成的既有格局[⑤]，也有学者认为新媒体平台催生了边缘国家的逆势发展[⑥]。第三种视角从国际新闻传播伦理的角度探索何种传播规范更适应文化多元、多样的全球传播时代，以美国学者沃德（Ward）为代表的各国学者关注国际新闻伦理重构的研究，提倡在既有新闻职业伦理规范中补充体现不同价值体系和文化语境的跨文化新闻伦理规范[⑦]。

经验层面的研究主要从国际新闻传播从业群体研究、国际新闻流动

---

① Schiller H. I.，*Communication and Cultural Domination*，White Plains. NY：International Artsand Science Press，1976.

② Tunstall J.，*The media are American*，New York：Columbia University Press，1977.

③ Mosco V.，*The Political Economy of Communication*，London：SAGE Publications，1996.

④ Mowlana H.，*Global Information and World Communication*：*New Frontiers in International Relations*，London：Sage，1997.

⑤ Chang T. K.，Himelboim I.，Dong D. "Open global networks，Closed international flows：World System and Political Economy of Hyperlinks in Cyberspace"，*International Communication Gazette* Vol. 71，2009. p137.

⑥ Berger. G.，"How the Internet Impacts On International News：Exploring Paradoxes of the Most Global Medium in a Time of 'Hyperlocalism'"，*International Communication Gazette*，Vol. 71，No5，2009，pp355—371.

⑦ Ward S. J. A.，*Global Journalism Ethics*，Montreal & Kingston：McGill－Queen's University Press，2010.

与生产、国际新闻内容研究以及国际媒体个案研究等方面展开。从业群体研究主要针对记者跨国跨文化新闻实践中的问题，新闻流动研究开始关注弱势国家逆向流动的分析，内容研究通过比较报道内容揭示影响国际新闻客观性的因素，个案研究则集中剖析著名跨国媒体和新兴国际新闻媒体，尤其是对半岛电视现象的研究。

国内研究从 2008 年国家政策层面明确提出“打造一流媒体，切实提高国际传播能力”之后迅速发展，主要包括以下几类议题：对传媒国际传播战略的宏观研究，探讨中国新闻媒体的国际传播能力建设与战略布局；中观层面针对媒介组织的比较研究和个案研究，总结著名国际媒体的成功之道，分析中国媒体“走出去”的问题、对策与路径；微观研究多为国际新闻从业者对工作经历与经验的分析总结。另外，国内跨文化传播研究也设有针对跨文化新闻传播的专门研究，结合跨文化心理学、语言学等交叉学科揭示报道他者的语言与文化偏见，探讨新闻全球化与文化霸权的关联。总体而言，国内学界对新闻媒体国际传播及其问题的研究缺乏系统的理论探讨与建构，也缺少实证基础上的经验研究。

国际新闻作为国际传播研究的重要组成部分受到国外学术界长期关注，对国际新闻的核心研究议题包括：国际新闻流动与逆向流动研究（international news flow and contra－flow）、国际新闻生产及影响因素研究（international news determinants）、国际新闻本土化研究（international news domestication）。

作为宏观选择研究的国际新闻流动与逆向流动研究是传统热点研究议题。早期学者主要考察国际新闻流动状态，巴雷特（Barrett）关于国际新闻通讯社的研究，以及 1985 年受联合国教科文组织委托，莫罕麦迪等（Mohammadi）在 29 国进行国际新闻生产的研究，均表明国际新闻流动呈现出部分国家垄断的不平衡性①。此后，学者们着力于考察导致国际新闻不平衡流动的具体因素，大量经验研究表明国际新闻流动的显著性主要取决于三个变量：国家特征（national traits）、相关性（relatedness）及事件本身（events）。国家特征变量关注一个国家的规模与政治经济影响力，继华勒斯坦的世界体系理论之后，后继的学者们从国际新闻流动不平衡维度将各国分为中心国家、半边缘国家与边缘国家，指出一个国家的经济实力是最关键的决定因素②。军事力量和人口

① Valérie B. G.，"International news production and globalization [Review of the three books Al－Jazeera and U. S. war coverage，Transnational television in Europe：Reconfiguring global communication networks，and Global news production]"，*Global Media Journal－Canadian Edition*. Vol. 4

No. 1，2011，pp187—194.

② Chang T. K.，"All countries not created equal to be news：World system and international communication"，*Communication Research*，Vol25，1998，pp528—563.

Ishii K，"Is the U. S. over－reported in the Japanese press? Factors accounting for international news in the Asahi"，*Gazette*，Vol 57，1996，pp134—144.

Kim K.，Barnett G. A.，"The determinants of international news flow：A network analysis"，*Communication Research*，Vol. 23，No. 3，1996，pp323—352.

Robinson G. J.，Sparkes V. M. "International news in the Canadian and American press：Comparative news flow study"，*International Communication Gazette*，Vol22，1976，pp203—218.

Wu D. H.，"Systematic determinants of international news coverage"，*Journal of Communication*，Vol. 50，No. 2，2000，pp110—130.

Wu D. H.，"A brave new world for international news? Exploring the determinants of the coverage of foreign news on US Websites"，*International Communication Gazette*，Vol. 69，No. 6，2007，pp539—552.

数量也是重要因素①。相关性变量研究发现双边贸易②、地理接近性③与文化接近性④也影响国际新闻流动。事件变量关注一个国家的异常性，异常因素例如冲突卷入程度或社会变革也影响国际报道显著性⑤。对国际新闻流动的最新研究表明，国家特征变量中一个国家的大小与权力是预测国际新闻流动的重要指标，其中国家GDP指数的相关性最高。在相关性变量中，双边贸易与外国人口数量相关性最高。在事件变量中，

---

① Kariel H. G.，Rosenvall L. A. “Factors influencing international news flow”，*Journalism Quarterly*，Vol60，1984，pp434—436.

Shenhav S. R.，Rahat G.，Sheafer T.，“Testing the language—power assumption of critical discourse analysis：The case of Israel's legislative discourse”，*Canadian Journal of Political Science*，Vol. 45，No. 1，2012，pp207—222.

② Charles J.，Shore L.，Todd R. “The New York Times coverage of equatorial and lower Africa”，*Journal of Communication*，Vol. 29，1979，pp148—155.

Kariel H. G.，Rosenvall L. A. “Factors influencing international news flow”，*Journalism Quarterly*，Vol. 60，1984，pp 434—436.

Rosengren K. E.，“Four types of tables”，*Journal of Communication*，Vol. 27，1977，pp 67—75.

Wu D. H.，“Systematic determinants of international news coverage”，*Journal of Communication*，Vol. 50，No. 2，2000，pp 110—130.

③ Dupree J. D.，“International communication：View from ‘a window on the world’”，*The International Communication Gazette*，Vol. 17，1971，pp 224—235.

Galtung J.，Ruge M. H. “The structure of foreign news”，*Journal of Peace Research*，Vol. 2，No. 1，1965，pp 64—91.

④ Shoemaker P. J.，Danielian L. H.，Brendlinger N. “Deviant acts，risky business and US interests：The newsworthiness of world events”，*Journalism Quarterly*，Vol. 68，1991，pp781—795.

⑤ Golan G.，Wanta W.，“International elections on the US network news：An examination of factors affecting newsworthiness”，*Gazette*，Vol. 65，No. 1，2003，pp25—40.

Chang T. K.，Shoemaker P.，Brendlinger N. “Determinants of international news coverage in the US media”，*Communication Research*，Vol. 14，1987，pp396—414.

Shoemaker P. J.，Chang T. K.，Brendlinger N. “Deviance as a predictor of newsworthiness：Coverage of international events in the US media”，*Communication Yearbook*，Vol. 10，1986，pp348—365.

Shoemaker P. J.，Danielian L. H.，Brendlinger N.，“Deviant acts，risky business and US interests：The newsworthiness of world events”，*Journalism Quarterly*，Vol. 68，1991，pp781—795.

冲突与灾祸相关性最高。上述发现说明经济实力、政治与社会不稳定是国际新闻显著性的关键指标，因而GDP、外籍人口数量与冲突密集程度成为最高相关性指标。当前的国际新闻流动现状下，西欧和亚洲是半中心地区，东欧与中东是半边缘地区，美国是中心地区，非洲仍然是国际新闻流动的边缘区域①。一些学者对上述因素进行细分，发现国际新闻流动与贸易强度呈现相关性。但也有例外，有些贸易单一但本土文化强势的国家，比如科威特也能吸引大量报道，而对于大国而言，国际新闻与贸易并没有显著相关性②。

国际新闻研究的第二种热点议题是国际新闻生产及其影响因素研究。从社会建构角度，学者们致力于考察影响国际新闻选择与呈现的宏观意识形态与社会结构因素、中观媒介组织与生产惯习因素，以及微观国际新闻从业者因素。研究学者分为两大类别，一类为把关者或事件—导向型，这个流派主要关注新闻本身的变量，忽略宏观层面的变量。第二类是逻辑型或情境—导向型研究，更多关注组织层面及其他外部影响因素的研究。欧斯伽得（Oestgaard）把影响因素分为外部因素（政治、经济因素）与内部因素（新闻价值）③。盖尔顿与鲁格（Galtung，Ruge）揭示了新闻价值的12项因素④。罗森格林（Rosengren）认为要注意媒介外的变量⑤。赫斯特（Hester）提出国际新闻流动的国际关系

① Segev. E.，"Visible and invisible countries：News flow theory revised"，*Journalism*，1464884914521579. first published on March 5，2014，pp1—18.

② Pietiläinen J. "Foreign News and Foreign Trade：What Kind of Relationship?"，*International Communication Gazette*，Vol. 68，No. 3，2006，pp217—228.

③ Oestgaard E.，"Factors Influencing the Flow of News"，*Journal of Peace Research*，Vol. 2，1965，pp39—64.

④ Galtung J.，Ruge M. H，"The structure of foreign news"，*Journal of Peace Research*，Vol. 2，No. 1，1965，pp64—91.

⑤ Galtung J.，Ruge M. H.，"The structure of foreign news"，*Journal of Peace Research*，Vol. 2，No. 1，1965，pp64—91.

影响模型①。宏观影响因素主要关注国家利益与专业主义的关系，莫罕麦迪（Mohammadi）认为政府外交政策影响国际新闻②。派德缇（Pedelty）指出驻外记者遵循国家利益原则建构国际新闻③。斯库尼克等（Skurnik）发现大部分报纸带给读者的世界观与其所在国家的外交事务视角一致④。

编辑记者们在生产国际新闻时有两个互动框架：国家框架和专业框架。倾向于哪个框架取决于下列三个变量：事件类型、发生地点、发生情境，只有当新闻事件被定义为“我们的”或“他们的”新闻时，才会选择框架。当新闻事件跟报道国有关时，记者的国家忠诚超越专业主义，反之则相反，这表明国际新闻报道中，国家利益越强，专业准则越低⑤。例如，李金铨比较美联社和日本共同社对学生运动的报道，探讨外交政策与国家利益对国际报道的影响，结论如下：美国旨在冷战思维中赢得意识形态胜利，所以美联社的报道集中在游行对民主自由的争取，主要引用对象为游行者，其报道与美国在中国的意识形态利益一致。而日本更加侧重经济利益，日本共同社的报道主要关注进程情

---

① Hester A.，“Theoretical Considerations in Predicting Volume and Direction of International Information Flow”，*Gazette*，Vol. 19，1973，pp238—47.

② Sreberny M. A. “How US media covers the world” in Downing J，Mohammadi A.，Sreberny－M A（eds），*Questioning the Media：A Critical Introduction*. London：Sage，1995，pp 296—307.

③ Pedelty M.，*War Stories：The Culture of Foreign Correspondents*，New York：Routledge，1995.

④ Skurnik W. A. E.，“A new look at foreign news coverage：External dependence or national interests?”，*African Studies Review*，Vol. 24，No. 1，1981，pp99—112.

Wu G. G.，“One head，many mouths：Diversifying press structures in reform China” in Lee C. C（ed）Power，Money and Media：*Communication Patterns and Bureaucratic Control in Cultural China*. Evanston I. L.：Northwestern University Press，2000，pp45—67.

⑤ Nossek H.，“Our News and their News：The Role of National Identity in the Coverage of Foreign News”，*Journalism*，Vol. 5，No. 3，2004，pp 343—368.

况[①]。也有学者对上述研究结论提出不同看法，认为文化偏见和政府控制并非每次都出现在国际报道中，出现这两种因素的国际新闻必有其特殊性，而二者同时出现的情况更是非常少见[②]。

中观因素的研究关注媒介组织如何影响国际新闻的选择和建构。建构研究认为社会建制对国际新闻影响重大，学者们关注微观层面的国际新闻现象，即特定新闻报道的具体内容或特定媒体的具体生产机制。代表性研究成果主要包括巴雷特（Barrett）的《国际通讯社》[③]；帕特森（Paterson）的《国际电视通讯社》[④]，沃斯伯恩（Wasburn）的《国际新闻的社会建构：我们在谈论他们，他们在谈论我们》等[⑤]。张讃国等学者就影响美国报纸编辑选择国际新闻的影响因素进行全国范围内的抽样调查[⑥]，并在20年后重新进行同样的研究，通过对337位国际新闻编辑的问卷调查，发现从1988年到2008年，美国国际新闻编辑对国际新闻价值体系的认识与选择没有发生根本变化。美国国际新闻编辑作为一个职业群体共享相似的价值观。这些价值体系即为影响国际新闻选择和内容的决定要素，这些要素可分为两大维度：情境导向要素（context－oriented）和事件导向要素（event－oriented），两种维度的要素处在动态发展变化中，其中情景要素包括：对美国有威胁、距离、参与度、文化

① Lee C. C.，Yang J，“Foreign news and national interest：Comparing U. S. and Japanese coverage of a Chinese student movement”，*International Communication Gazette*，Vol. 56，No. 1，1996，pp1—18.

② Novais R. A.，“National Influences in Foreign News：British and Portuguese Press Coverage of the Dili Massacre in East Timor”，*International Communication Gazette*，Vol. 69，No. 6，2007，pp553—573.

③ Boyd－Barrett O.，*The International News Agencies*，London：Constable，1980.

④ Paterson C. A.，*The International Television News Agencies*：*The World from London*，New York：Peter Lang，2011.

⑤ Wasburn P. C.，*The Social Construction of International News*：*We are Talking about Them*，*The are Talking about Us.*，Wesport，Connecticut，London：Praeger，2002.

⑥ Chang T. K.，Lee. J. W.，“Factors Affecting Gatekeepers'Selection of Foreign News：A National Survey of Newspaper Editors”，Journalism Quarterly，Vol. 69，1992，pp554—551.

相关性、贸易关系、经济发展、军事实力、对和平有威胁。事件导向要素包括：及时性、受众兴趣、人类利益、生命财产损害[①]。

皮特森（Peterson）通过对《泰晤士报》98位国际新闻生产者的考察来检验把关人理论与国际新闻价值[②]。通过对美联社编辑与皮尤（PEW）受众兴趣的调查与对比，研究者发现美国受众与美国编辑的兴趣并不相同，美国受众感兴趣的新闻类别较窄，对其他地方的新闻兴趣不大，对国际新闻的主要兴趣在于自然或人为灾难，这也成为决定国际新闻选择与流动的重要因素。对于具体新闻，编辑间的共识较大，但与受众的喜好存在差别，最终研究结果表明媒体大体满足了观众喜好的新闻类别，但在具体新闻选择上与受众兴趣仍有距离[③]。其他相关研究还包括组织规模因素，越大的媒体机构国际新闻越多，组织限制因素包括无线通讯设备、国际新闻编辑记者规模、驻外记者站和国际新闻版面等因素[④]。市场竞争对预算和管理的影响也制约和影响国际新闻的选择与

---

① Chang. T. K.，Southwell. B.，Lee H. M.，Hong. Y.，“A changing world，unchanging perspectives：American newspaper editors and enduring values in foreign news reporting”，*International Communication Gazette*，Vol. 74，No. 4，2012，pp367—384.

② Peterson S.，“Foreign News Gatekeepers and Criteria of Newsworthiness”，*Journalism Quarterly*，Vol. 56，1979，pp116—125.

③ Tai. Z.，Chang. T. K.，“The Global News and the Pictures in Their Heads：A Comparative Analysis of Audience Interest，Editor Perceptions and Newspaper Coverage”，*International Communication Gazette*，Vol. 64，No. 3，2002，pp251—265.

④ Chang T.，Lee. J. W.，“Factors Affecting Gatekeepers Selection of Foreign News：A National Survey of Newspaper Editors”，*Journalism Quarterly*，Vol. 69，1992，pp554—61.

Lacy S.，Chang T.，Lau T.，“Impact of Allocation Decisions and Market Factors on Foreign News Coverage”，*Newspaper Research Journal*，Vol. 10，1989，pp 23—32.

Larson J. F.，“International Affairs Coverage on US Network Television”，*Journal of Communication*，Vol. 29，1979，pp136—47.

Larson J. F.，*Television's Window on the World*：*International Affairs Coverage on the US Networks.*，Norwood，NJ：Ablex，1984.

Meyer. W. H.，“Global News Flows：Dependency and Neoimperialism”.，*Comparative Political Studies*，Vol. 22，1989，pp243—64.

Johnson. M. A.，“Predicting News Flow from Mexico”，*Journalism and Mass Communication Quarterly*，Vol. 74，1997，pp315—30.

生产[①]。

微观影响因素研究主要针对国际新闻从业群体，重点是对驻外记者的研究。相关研究从以下几个角度展开：一是驻外记者的工作惯习与工作条件，研究方法多为深度访谈和参与式观察等。德国学者曾在欧洲研究资助下对 11 个国家的 142 位驻外记者以及德国的 300 名驻外记者展开大规模访谈。第二类是对驻外记者社会职业背景的调查，通常是以问卷形式进行。第三类是研究某个国家在美国媒体中的形象[②]。上述三类具体研究包括对 354 名美国驻外记者的调查问卷，其研究发现如下情况：1. 美国驻外记者中只有 31%是美国公民，越来越多外籍人士被美国媒体雇佣为驻外记者。2. 驻外记者多为职业精英，年龄在 40 岁上下，工作经验通常超过 21 年。3. 驻外记者教育程度较高，三分之一具有新闻或传播专业背景，其他学科专业多为人文、语言文学、社会科学、国际关系或地区研究。81%的驻外记者能讲至少一门外语。4. 26%驻外记者为女性，五分之一驻外记者为少数族裔。5. 外籍驻外记者的收入远低于美国记者，但选择新闻的理念跟美国记者差别不大。6. 国际报道对欧洲的偏向最大。大约 3%的驻外记者以美国为基地，一般以空降方式报道国际新闻[③]。

另外一项研究则通过大规模电子邮件调查，考察驻美各国外国记者的职业理念、个人背景、工作惯习、问题困难等。研究发现在美国的外国记者与美国记者差异很大，年龄更大，教育程度更高，工作经验更多。不同国籍的外国记者对媒介功能的认识不同，但与美国记者相比，

① Kim K.， “Organizational Determinants of International News Coverage in Korean Newspapers”，*International Communication Gazette*，Vol. 65，No. 1，2003，pp65—85.

② Hahn O.，“Transatlantic Foreign Reporting and Foreign Correspondents After 9/11：Trends in Reporting Europe in the United States”，*The International Journal of Press/Politics*，Vol. 14，No. 4，2009，pp497—515.

③ Wu. D. H.，Hamilton J. M，“US Foreign Correspondents：Changes and Continuity at the Turn of the Century”，*International Communication Gazette*. Vol. 66，No. 6，2004，pp 517—532.

他们比较认同对复杂问题提供分析与解释以帮助公众提升知识与文化兴趣。外国记者视自己为外交事务的释义者及文化大使，而非简单的信息传输者。各国记者对于争议性报道手段的使用，也没有一致共识[①]。有学者通过访谈 11 位荷兰驻莫斯科记者，指出驻外记者在威权国家进行国际报道所面临的困难包括信息源与可信度问题，该研究还总结驻外记者可能导致报道误差的五大问题与困境：1. 文化偏见 2. 角色标签化或简单化解释 3. 复杂情境下使用二元对立框架 4. 记者习惯采访与之世界观相近的人士作为信源 5. 从国内的角度和议程解读国际事件。访谈发现，在信源获取方面，驻俄罗斯的荷兰记者要使用不同策略才能获得可信信息，比如学会阅读俄罗斯新闻的言外之意，对政府提供的信息保持审慎，邀请具有批判精神的专家进行解读，解释性报道威权国家的新闻事件[②]。

与驻外记者研究相比，在已有文献中针对空降记者的研究极少，只在驻外记者研究或国际报道研究的相关部分被提及。例如，赫斯（Hess）认为驻外记者不断削减，取而代之的空降记者虽然擅长报道国际危机，却并不真正了解他们所报道的危机[③]。在对国际媒体如何报道科索沃战争的研究中，研究者指出作为报道者类型之一的空降记者为了在短期内完成任务，接受本地协助者的辅助，但二者在互动过程中容易漏掉事实，缺失文化背景[④]。另一项研究指出驻外记者依赖伊拉克本地助理与翻译进行采访，意味着在报道过程中增加了过滤因素，取代驻外

---

① Willnat. L.，Weaver. D，“Through their Eyes：The Work of Foreign Correspondents in the United States”，*Journalism*，Vol. 4，No. 4，2003，pp403—422.

② Kester B.， “The Art of Balancing：Foreign Correspondence in Non－Democratic Countries：The Russian Case”，*International Communication Gazette*. Vol. 72，No. 1，2010，pp 51—69.

③ Hess S.，*International News and Foreign Correspondents*，Washington DC：The Brookings Institution，1996.

④ Paterson C.，Andresen K.，Hoxha A，“The manufacture of an international news event：The day Kosovo was born”，*Journlism*，Vol. 13，No. 1，2012，pp103—120.

记者的空降记者使这种依赖和过滤更为严重①。国际新闻对预防冲突和预防性外交政策制定具有重要意义，驻外记者提供的分析和评论更有价值，这类信息对驻地发生的变化和冲突具有预见性的预警和预测作用，而空降记者很难像驻外记者一样在冲突和问题发生之前发出预警，难以起到外交意义上的桥梁作用②。

国际新闻国内化、本土化研究是第三种热点研究议题，相关研究始于古维奇（Gurevitch）对欧洲国际新闻的考察。他认为国际新闻同时具备全球化和文化本土化两种导向，媒体以本土框架报道国际事件，使遥远的事件对本土受众具有吸引力，也便于理解，同时也在本土意识形态和文化影响的框架内建构国际新闻的意义。全球事件在变成地方报纸新闻的过程中糅合了本地受众观念从而变成媒介化的现实，就是国际新闻的“国内化”③。因此，国际新闻的国内化是普遍的，国际新闻对于每个国家都是特定的，是针对每个国家不同受众的阐释④。新闻视角、国家结构与国际环境共同决定了本土媒体带给其受众的国际新闻⑤。

本土化的具体过程始于编辑与记者，他们是本土化的守门人。编辑与记者在处理国际新闻时都戴着一副“本土眼镜”，偏向与本国在地理、

---

① Palmer J.，Fontan V.，“Our ears and our eyes：Journalists and fixers in Iraq”，*Journalism*，Vol. 8，No. 1，2007，pp5—24.

② Otto F.，Meyer C. O.，“Missing the story? Changes in foreign news reporting and their implications for conlict prevention”，*Media*，*War & Conflict*，Vol. 5，No. 3，2012，pp205—221.

③ Gurevitch M.，M. Levy，I. Roeh，“The Global Newsroom：Convergences and Diversities in the Globalisation of Television News” in Dahlgren P.，Sparks C.（eds）*Communications and Citizenship*：*Journalism and the Public Sphere in the New Media Age*. London：Routledge，1991.

④ Clausen L.，“Localizing the Global：‘Domestication’Processes in International News Production”，*Media*，*Culture & Society*，Vol. 26，No. 1，2004，pp25—44.

⑤ Song Y.，Chang，T. K.，“The news and local production of the global：Regional press revisited in post－WTO China”，*International Communication Gazette*，Vol. 75，No. 7，2013，pp 619—635.

文化和政治方面更相近的报道①，因此外国新闻中的文化过滤是必然的②。内容本土化，满足本地受众兴趣本身就是一种专业需求③。国际新闻国内化和本土化包括三种模式：内向国内化、外向国内化和反向国内化。内向国内化是把外国新闻完全变成国内话题和新闻；外向国内化是联系本土与全球话语；第三种反向国内化的国际报道完全只有全球话语，没有本土中心主义影响④。在互联网时代，网络媒体在国际新闻方面仍然存在和传统媒体一样的特点：更偏重本地和本国新闻、他国新闻

---

① Rosengren K. E.，"International News：Methods，Data and Theory"，*Journal of Peace Research*，Vol. 11，1974，pp145—56.

Chang T.，Lee J，"Factors Affecting Gatekeepers Selection of Foreign News：A National Survey of Newspaper Editors"，*Journalism Quarterly*，Vol. 69，1992，pp554—61.

Sreberny A.，Stevenson R.，"Comparative Analysis of International News Flow：An Example of Global Media Monitoring" in Nordenstreng K.，Griffin M.（eds）*International Media Monitoring*. Cresskill，NJ：HamptonPress，1999，pp55—72.

Wu. D. H.，"Systemic Determinants of International News Coverage：A Comparison of 38 Countries"，*Journal of Communication*，Vol. 50，No. 2，2000，pp 110—30.

② Stevenson. R. L.，Cole R. R.，"Issues in Foreign News" in Stevenson R. L.，Shaw D. L.（eds）*Foreign News and the New World Information Order*. Iowa：Iowa State University Press，1984，pp5—20.

③ Gurevitch M.，Levy M. R.，Roeh I，"The Global Newsroom：Convergences and Diversities in the Globalization of Television News" in Dahlgren P.，Sparks C.（eds）*Communication and Citizenship*：*Journalism and the Public Sphere*. London：Routledge，1991，pp195—216.

Cohen. A. A.，Levy. M，Roeh. I，Gurevitch. M，*Global Newsrooms*，*Local Audiences*：*A Study of the Eurovision News Exchange*，London：John Libbey. 1995

Youicchi I.，"A Study of Psychological Factors of International Information Flows：News and TV Programs"，paper presented at the International Association for Media and Communication Research Conference，Portoroz，Slovania，June，1995.

Nossek H.，"Foreign News and the Construction of Reality：Between the Mondial and Mondo Cane"，paper presented at the Conference on International News in the 21st Century，Leicester，UK：Centre for Mass Communication Research. March，2000.

④ Olausson U.，"The diversified nature of 'domesticated' news discourse：The case of climate change in national news media"，*Journalism Studies*，Vol. 15，No. 6，2013，pp711—725.

国内化、第一世界和第三世界国家的国际新闻流动不平衡①。

全球各地学者纷纷对国际新闻国内化和本土化的普遍性进行了本土经验研究与验证。通过对40名日本两大电视台NHK和富士电视台媒体专家和从业者的访谈和参与观察，研究者发现电视台的本地化是编辑让国际新闻被本地受众理解的过程②。一项针对中国媒体的研究通过比较从1989到2009年20年间中国地方报纸国际新闻的变化，探讨球土化（glocalization）时代本土媒体与全球事件之间的互动关系，考察在国内外生态环境的变化中，地方媒体如何在宣传逻辑和市场逻辑中呈现国际事件的本土视野。该研究发现，一方面经济全球化程度和媒介商业程度加深，国际新闻更加中立，地方媒体国际视野更加宽广；另一方面，这些变化并不能赋予地方媒体在国际新闻方面的自主权，国际新闻还是在国家框架下生产③。通过对美国全国与地方电视台记者的调查，研究发现美国电视新闻记者对国际新闻选择的态度和标准包括市场需要与本土相关性。但相对而言全国电视台记者更有国际视野，选择不同主题的新闻，地方电视台记者对市场与受众需求更为重视，总是从本地角度选择国际新闻，二者都强调及时性和美国的相关性④。总而言之，虽然技术、制度层面越来越新闻国际化，生产层面国际化生产与本土化生产共存，而内容层面则与媒介全球化潮流相悖而行，一般都会受到具体文化与消费主义的影响。有关新闻内容和新闻价值的研究也表明，国际

① Berger G.，“How the Internet Impacts On International News：Exploring Paradoxes of the Most Global Medium in a Time of ‘Hyperlocalism’”，*International Communication Gazette*，Vol. 71，No. 5，2009，pp355—371.

② Clausen L.，“Localizing the Global：‘Domestication’ Processes in International News Production”，*Media*，*Culture & Society*，Vol. 26，No. 1，2004，pp 25—44.

③ Song Y.，Chang T. K. 2013 The news and local production of the global：Regional press revisited in post－WTO China［J］International Communication Gazette. Vol. 75，No. 7，pp619—635.

④ Kim H. S. “Gatekeeping International News：an attitudinal profile of US television journalists”，*Journal of Broadcasting and Electronic Media*，Vol. 46，No. 3，2002，pp431—452.

新闻是建构现实而非反映现实的，全球新闻编辑室面临着语境差异的挑战。对于国际新闻国内化、本土化问题的解决路径，有学者提出新的全球一本土关联模式：即建设批判的国内媒介环境，重构国际新闻职业规范，建立国际报道的新闻危机管理机制，进行多国记者的职业对话，加强全球记者之间的联系与交流等①。

国内学者对国际新闻的研究相对比较匮乏，主要集中在国际媒体涉华报道研究、国内媒体国际新闻业务研究、国际新闻国内化等领域，国际新闻理论建构薄弱，对中国国际新闻从业群体、新闻媒体国际新闻生产、以及国际新闻传播效果的系统考察亟待补充。国际媒体涉华报道研究多以框架理论与建构理论为基础，对各西方主流媒体的涉华报道进行内容及报道偏向分析，其中《美、俄、日、德主要报纸涉华报道分析》在对比四国报纸涉华报道后发现，各国报道均从各自国家利益出发来报道和评价双边关系，分别带有各自的倾向性，例如美国报道的冷战思维，日本的防范心理，俄罗斯的沙文主义，以及德国报道对华的滞后认知②，《框架建构理论透视下的国外主流媒体涉华报道——以英国卫报2005年关于中国的报道为分析样本》指出这份英国报纸对中国的政治、经济议题最为关注，同时涵盖社会、文化、科教等领域的报道，其涉华报道的政治、经济议题框架都与本国兴趣与利益密切相关，虽然报道手法比较客观，但隐含着西方意识形态的价值判断③，《美国四大日报涉华报道分析》通过对美国几大主流精英报纸的样本分析发现，美国媒体对中国政治、经济与社会议题最为关注，部分报道仍带有冷战思维的报道框架④，《朝日新闻2008年涉华报道研究》发现政治经济议题受到关

① Hafez. K.，“International news coverage and the problem of media globalization：in search of a new global—local nexus”，*Innovation*，Vol. 12，No. 1，1999，pp47—62.

② 程曼丽：《美、俄、日、德主要报纸涉华报道分析》，《国际新闻界》2002年第4期。

③ 张咏华，殷玉倩：《框架建构理论透视下的国外主流媒体涉华报道——以英国《卫报》2005年关于中国的报道为分析样本》，《新闻记者》2006年第8期。

④ 周宁：《美国四大日报涉华报道分析》，《新闻记者》2007年第11期。

注，科技、文化等领域则报道较少；报道倾向以中性为主，正面报道较少，负面报道集中报道了社会分化、民主化进程、政府监管漏洞等问题。[①]

对国内媒体的国际新闻研究多在业务层面展开，研究者多为媒体从业人员，理论框架相对缺乏，多以概况介绍、经验总结或策略建议呈现。中国国际新闻报道分为三种类型：一是中央级的主流媒体和部分地方的大报大台，设有海外记者站，国际新闻以自采和编译稿件为主；二是大量地方媒体主要使用新华社等中央级媒体稿件；三是专门性的国际新闻媒体，如《环球时报》、《国际先驱导报》、《参考消息》等[②]。一项研究呈现了京、沪、穗、宁等地报纸国际新闻的报道现状，指出虽然各地水平参差不齐，但也具有一些共性特征，包括晚报比党报更重视国际新闻，党报比晚报更依赖新华社稿件，党报报道更多时政类和涉华类新闻，党报和晚报使用“软稿”的比例均有增加趋势，地方媒体国际新闻还存在娱乐化、低俗化和同质化现象[③]。对地方媒体报道国际新闻的考察还包括介绍珠三角地区的报纸派出空降记者外出采访，以及通过互联网和电话进行远距离采访的实践[④]。

国内学者也关注国际新闻报道的国内化、本体化倾向。针对上海电视台的国际新闻制作研究发现，媒体通过各种编辑手段消除本国受众在文化和认知方面的理解障碍，并力图规避政治和意识形态领域的问题，这种过程便是中国媒体制作国际新闻的国内化过程[⑤]。通过考察《佛山日报》如何针对国际突发事件、国际可预见性事件和国际非事件性新闻进行编辑制作，发现该报通过挖掘、彰显佛山元素的方式，找出国际新

① 战琦，刘妍：《朝日新闻》2008 年涉华报道研究》，《现代传播》2009 年第 6 期。

② 周庆安：《中国国际新闻报道的趋势与转型》，《新闻与写作》2011 年第 3 期。

③ 刘小彪：《京沪穗宁报纸国际新闻报道现状研究》，《新闻实践》2009 年第 3 期。

④ 张晋：《珠三角报纸在国际新闻报道领域的创新与探索》，《新闻实践》2009 年第 11 期。

⑤ 杨靖：《国内化的国际新闻——从上海电视台的国际新闻制作看新闻传播的国内化》，《国际新闻界》2000 年第 5 期。

闻与本地新闻之间的内在联系，实现国际新闻的本地化[①]。

内地学者从社会学路径研究新闻生产近年来逐步发展。王君玲在其论文《新闻生产社会学研究的范畴、理论与发展》对理论框架进行了总结[②]。陆晔和潘忠党合作，从新闻专业角度对大陆新闻从业者新闻生产中的职业意识进行考察[③]，洪兵对《南方周末》的新闻生产进行研究[④]，张志安对《南方都市报》编辑部场域的新闻生产过程、影响因素与控制因素展开研究[⑤]，杨雨丹的《新闻惯习的产生与生产》分析了新闻惯习对生产的影响[⑥]，陈阳的《我国新闻生产的影响机制之研究》从从业人员意识、组织常规和体制三个层面进行分析[⑦]。芮必峰的《试论资本在新闻生产关系变革中的作用》则从经济控制角度对新闻生产进行分析[⑧]等。港台学者对国际新闻流动与生产的研究包括朱立的《从组织角度看国际新闻信息的流通》[⑨]，该研究从新闻生产影响因素的中观层面介入，分析媒介组织如何影响国际新闻流通。香港《传播与社会学刊》第13期专辑有关华人社会电视国际新闻比较研究，展示了华语电视国际新闻的部分研究成果。但目前鲜有学者对中国语境下国内媒体的国际新闻生产做出系统研究和考察，也无针对空降记者的系统研究。

---

① 谭顺秋：《国际新闻本地化报道的三种模式——〈佛山日报〉强化国际视野的新闻实践》，《中国记者》2013年第2期。

② 王君玲：《新闻生产社会学研究的范畴、理论与发展》，《东南传播》2008年第9期。

③ 陆晔，潘忠党：《成名的想象：中国社会转型过程中新闻从业者的专业主义话语建构》，《新闻学研究》2002年第71期。

④ 洪兵：《转型社会中的新闻生产——〈南方周末〉个案研究（1983年—2001年）》，复旦大学博士学位论文，2005年。

⑤ 张志安：《编辑部场域中的新闻生产——〈南方都市报〉个案研究（1995—2005）》，复旦大学博士学位论文，2006年。

⑥ 杨雨丹：《新闻惯习的产生与生产——惯习视角下的新闻生产》，《国际新闻界》2009年11期。

⑦ 陈阳：《我国新闻生产的影响机制之研究：以妇女新闻为个案》，《新闻与传播研究》2006年第2期。

⑧ 芮必峰：《试论资本在新闻生产关系变革中的作用》，《国际新闻界》2009年第7期。

⑨ 朱立，钟新：《从组织角度看国际新闻信息的流通》，《国际新闻界》1997年第2期。

（二）新闻从业者研究

意识形态在宏观层面影响报道，组织惯习在中观层面发生作用，作为新闻报道的把关人，新闻记者直接参与报道的选择、采访、写作和出版的生产过程，构成影响报道最终呈现的微观层面因素。研究新闻记者如何影响报道，要调查记者这个职业群体及其构成与背景、价值体系与职业认知。在对全球记者的大规模调查中，韦弗（Weaver）等人的研究最具代表性。继 1998 年针对各国记者的调查研究以后，韦弗及其合作者又在 2012 年出版了针对各大洲共 31 个国家的记者调查结果，对全球记者的最新状况加以呈现和对比。在从业者构成与背景方面，该研究表明新闻记者的平均年龄是 25—45 岁，虽然女性比例有所增加，但记者群体仍以男性为主导。八成以上记者具有大学本科学历，一半以上并非毕业于新闻专业。少数族裔记者比例有所增加，但绝大部分记者都来自各国主导民族或种族，婚姻状况不一。

在工作环境方面，各地记者从物质条件到职业自主性、政治压力、新闻规范与传统、工作满意度等方面都表现出较大差异。在职业认知方面，韦弗等人的调查认为各国记者对专业主义的认知（职业角色、报道伦理、职业组织、工作重点和受众形象等）仍然区别很大。在六种职业角色中，“及时报道新闻”认同比例最高，其后为“客观报道”、“解析事件”、“看门狗”、“服务公众”和“提供娱乐”。总体而言，全球记者差异大于共识，全球新闻文化并未形成，而社会影响，尤其是文化和政治制度差异，比媒介组织、新闻教育和职业规范的影响更大①。

另外一项研究针对全球 18 个国家的记者，通过调查访谈比较记者们在职业角色、价值观与信仰、伦理意识形态和职业自主性认知等方面的异同。该研究将新闻记者分为三种类型，分别为“西方新闻文化类

---

① Weaver D. H.，Willnat L，“Journalists in the 21st Century：Conclusions” in Weaver D. H.，Willnat L.（ed）. *The Global Journalists in the 21st Century*. New York：Routledge，2012，pp529—551.

别”、“西方边缘群体类别”和“发展中及转型社会类别”。在职业角色方面，“西方新闻文化类别”更认同中立和看门狗角色，“发展中及转型社会类别”的记者更支持通过新闻推动社会变化和影响公众舆论，更愿意参与和干预社会进程，“边缘群体类别”则居于二者之间，但更倾向于传统的新闻看门狗功能。在价值观与信仰方面，全球记者都基本认同个人价值观和信仰不应该影响报道，但对个人判断和理解以及新闻的分析和导向则表现出程度不同的认同，“发展与转型社会”的记者对此认同度最高，“西方新闻文化类别”认同度最低。

在伦理意识形态方面，虽然多数受访记者表示认同核心伦理体系的普适性，但对不同社会情境下灵活处理伦理困境的认同度则存在较大差异。“西方新闻文化类别”倾向于不认同伦理情境主义，“发展中和转型社会”记者对此表现出更多理解。在职业自主性认知方面，多数受访者认为记者职业较有自主性，受外部因素的影响不大，新闻机构的内部影响大于外部其他因素的影响。十大自主性影响因素中，截稿时间、职业伦理习惯、新闻消息源、编辑、编辑室传统与伦理、信源短缺、生产惯习、机构管理、受众和新媒介技术，只有三项是外部因素（职业传统、信源、受众)。总体而言，组织、职业和惯习因素对记者影响最大，每天日常工作都要面对。政治与经济因素没有直接影响记者个体，排序较后。各国记者认知差异最大的影响因素在于政治和宗教领袖的影响程度排序①。

除了针对不同国家记者的比较研究，研究者们还对特定地区的记者群体进行调查。以对中国记者的研究为例，一项研究抽取北京、上海、广州、成都、重庆等地的报纸、电视台、杂志、电台、网络媒体记者进行调研，其中事业编制和合同制人员大约各占一半，研究发现在构成结

① Hanitzsch. T.，Seethaler J.，Skewes E. A.（ect）. “Worlds of Journalism：Journalistic Cultures，Professional Autonomy. and Perceived Influences across 18 Nations” in Weaver. D. H.，Willnat. L.（ed）. *The Global Journalists in the 21st Century*. New York：Routledge，2012，pp473—494.

构方面，中国女性记者（52.9%）略多于男性，男性主要为报纸工作，女性多为电台、杂志和电视台工作。这是首次调查发现女性记者比例超过男性，其原因可能是中国各大学新闻学院招收的女生多于男生。中国记者平均年龄为33.1周岁，比过去更呈现年轻化趋势，其中新闻网站记者的平均年龄为27.6周岁。中国记者的教育水平逐步提高，拥有本科学历的记者占72.3%。在工作经验方面，大部分记者选择10年或以下，最大比例是5年或以下（38.6%），网站记者工作年份最短，事业编制的记者比合同制的记者工作时间更长。合同制记者跳槽更多，工作的媒体数量更多。在工作压力方面，中国记者认为现实与理想的差距和矛盾是最大问题。其他问题包括新闻缺乏理论基础，信源缺乏，升职困难、对工作缺乏热情。压力因素包括工资水平和媒体发展前景，合同制记者比事业编制记者压力更大。

在职业角色认知方面，中国记者具有多重职业角色定位。比如：打工挣钱、党政喉舌、养家糊口。其中电视记者更认同喉舌角色，合同制记者更倾向的职业定位为雇员、弱势群体、信息传播者、养家糊口。事业编制记者更倾向文明传承使者、人文主义者。合同制记者认为市场因素对职业认知和定位的影响最大，事业编制记者认为政治因素影响最大①。这项研究表明，由于转型社会媒介体制的复杂性，归属于“转型社会记者类别”的中国记者又分为事业编制和合同制类别，二者在人事与薪酬制度方面的差异造成记者在年龄构成、工作经验、工作压力和职业认知方面都出现显著区别。这种调查结果也进一步验证了新闻记者的职业共同体和职业文化难以统一，差异大于共识。

张志安等人的最新调查关注新媒体环境下中国新闻从业者及其生态，该调查采用非随机抽样，样本对象为国内不同区域的报业集团（包括主报、子报及其网站），主要考察中国新闻从业者的总体特征、互联

---

① Zhang. H.，Su. L.，“Chinese Media and Journalists in Transition”，in Weaver. D. H.，Willnat. L.（ed）*The Global Journalists in the 21st Century*. New York：Routledge，2012，pp9—21.

网使用情况、职业意识和工作状况。研究发现：在总体特征方面，从业者男女比例基本持平，一线采编人员普遍呈现出年轻化特点，总体平均工作年限为8.4年，具有大专或本科以上学历的比例为83.3%，从业者具有年轻化、高学历特征。在职业意识方面，新闻从业者的媒介功能观可以归结为‘监督与影响’、‘服务与娱乐’、‘宣传与动员’和‘提供信息’等四个方面，新闻从业者更倾向于“中立”的媒介观，普遍认为媒介最重要的功能是提供信息。在新闻伦理方面，多数从业者认同任何条件下都应该遵守职业道德守则。在职业状态方面，近半数新闻从业者的收入不足五千元，工作自主性评价一般，都市报和网络媒体从业者的工作自主性相对较高。不同定位和取向的新闻从业者具有不同的“自我审查”意识和自主性①。

上述研究成果涵盖全球以及各国新闻记者的基本构成与结构特征、职业认知和新闻文化异同，为进一步研究国际报道从业群体奠定了可供参考的研究框架与可作比较的经验数据。

（三）国际新闻职业伦理重构研究

新闻全球化使跨国、跨族群、跨文化的新闻报道大幅增加，此类报道中的许多困境与争议也日益显现，亟待在相关理论层面有所发展创新，对新的新闻实践及其问题进行释疑、指导和规范。传统国际新闻的研究路径主要是从内容分析和新闻生产的视角探讨跨国、跨文化报道的种种问题，但许多国际新闻从业者并不认同这些分析，认为国际报道也遵循媒介伦理规范与新闻专业主义。一些学者尝试转换研究路径，从新闻职业伦理规范的维度去分析新闻全球化和跨国、跨文化报道的问题。媒介伦理是在不断发展的、历史性的动态建构，既有新闻伦理规范体系主要针对单一或同质文化报道实践的问题，缺失了跨文化的维度，难以适应新闻全球化的发展。正是新闻伦理是一成不变和放之四海而皆准的

① 张志安，张京京，林功成：《新媒体环境下中国新闻从业者生态调查报告·中国新闻业年度观察报告》，人民日报出版社2014年版，第236—260页。

认识阻碍了记者正视国际报道中的问题，无益于规范和指导跨国报道实践。从这个意义上来看，在球土化的视阈下反思、重构新闻伦理与完善专业主义，培养记者的伦理世界主义，是探讨和解决跨国、跨文化、跨种族报道实践问题的一种新的有效途径和研究取向。

新闻伦理研究的勃兴根源于新闻报道实践发展的需求，对新闻道德的探讨，制定行业规范，引导职业实践，制约失范行为，推进新闻行业的专业化转变。传统新闻伦理多以民族国家为界，针对单一或同质文化的问题，但随着媒介技术的全球化发展，“新闻报道受众不再局限于国界与同质文化范畴，新闻伦理学界开始意识到需要探讨一种新的能够指导全球化新闻实践的伦理框架”[①]。2003 年，美国媒介伦理研究最重要的阵地，《大众传媒伦理学刊》(Journal of Mass Media Ethics) 组织本领域最活跃的学者，以“探索全球媒介伦理”为主题出版了一期专刊，标志着西方媒介伦理学界的研究从本土化到全球化和跨文化的正式转向。

国外学界对全球新闻伦理的研究相对成熟，分别从实践研究和理论研究两个维度展开，一方面针对实践层面进行探讨，剖析新闻全球化过程中遭遇的具体伦理问题，也试图有针对性地寻求更适应文化多元的新闻报道模式；另一方面则从理论层面进行思考，反思既有新闻伦理体系的局限与问题，同时积极探索伦理体系的重构和可操作的伦理推理应用模式。针对新闻实践层面的伦理问题，通过对非西方文化主导地区的社会文化与新闻伦理独特性和差异性的解释，对跨国报道内容的全面性与客观性的质疑，以及引发冲突和仇恨等社会责任争议，从报道者、报道对象、报道内容和后果等各方面揭示了全球新闻报道实践中产生的各类

① 引自 Herman Wasserman 教授于 2013 年 2 月 27 日给笔者的邮件访谈答复。

伦理问题[①]，具体分为以下四种类型的问题：伦理差异和社会情境所导致的报道者问题；报道事实与报道对象风险的被报道者问题；客观报道与事实建构的报道内容问题；告知公众与报道后果的社会责任问题。

职业伦理是指导记者行为的重要准则，当跨国报道时遭遇不同伦理差异和社会情境就可能导致误读或困境。例如，赞比亚的报道者面临的困境是对部落酋长的批评履行了媒体作为“看门狗”的角色，却被指责违反了尊重传统领袖的本土新闻规范，此案例表明后殖民主义社会中报道者在随全球化而来的新闻专业主义理念和本土传统媒介伦理之间的选择困境[②]。相似的情况也发生在亚洲，受儒家和伊斯兰文化影响的亚洲记者同样面临在以推动和谐与社会责任为主导的传统媒介伦理和强调自由与权利的自由主义新闻伦理之间的考量与抉择[③]。

一些学者通过对记者的民族志调查探讨报道者因伦理差异和社会情境所导致的选择、理解和释义的伦理难题。在一项针对中东和亚洲各国政治报道记者的民族志调查中，记者们对一些被广泛接受的伦理准则在不同社会政治环境下的适用性问题颇有感触，中东电视台的记者认为针对国家领导人的负面报道在西方有法律保障作为伦理基础；韩国记者认为接受小礼物在韩国是广泛认同的传统礼节性行为，不应被视为违反职业伦理；日本记者表示日本的俱乐部制度得以让记者与政府和公司高层

---

① Rao. S.，Wasserman. H. “Global Media Ethics Revisited：A Postcolonial Critique”，*Global Media and Communication*，*Vol*. 3，2007，p29.

Schlesinger. D.，“The Future of News Services and International Reporting” in Owen，J.，Purdey，H.（ed）. *International News Reporting*：*Frontlines and Deadlines*. Chichester：Wiley—Blackwell，2009.

Howard. R. “Conflict Sensitive Journalism in Practice”.

journalismethics. info/global _ journalism _ ethics/conflict _ sensitivity _ in _ practice. htm.

② Banda F.，“Negotiating journalism ethics in Zambia：Towards a ‘Glocal’Ethics” in Ward S. J. A. Wasserman H（eds）. *Media Ethics Beyond Borders*：*A Global Perspective*. New York and London：Routledge，2010，pp125—142.

③ Yin J.，“Ancient Roots and Contemporary Challenges—Asian Journalists Try to Find the Balance”. in Fortner R. S.，Fackler P. M.（eds）*The Handbook of Global Communication and Media Ethics Volume Ⅱ*，Chichester：Wiley—Blackwell，2011，pp554—576.

保持紧密联系，是一种西方新闻伦理规范难以接受，但在日本行之有效的信息获取方式[①]。一份针对埃塞俄比亚记者的调查问卷也表明媒介伦理具有文化敏感的特征，记者们认为全球新闻要挖掘与特定文化相关的伦理规范才能减少报道中的伦理冲突[②]。

在跨国跨文化的报道中，由于不同文化和社会制度的复杂性，对报道对象安全及利益考量的全面性和敏感性也需随之提升。被报道者伦理问题的实质是不同伦理原则的冲突。报道对象常因文化制度差异在被报道后面临社会压力、道德谴责、人身威胁甚至牢狱或死亡等程度不同的潜在风险与损害。1994 年，CNN 播出一位埃及农民带十岁女儿施行割礼的过程，其后该农民及相关人员被捕。面对媒体采访，涉事人员表示均不知此事非法，并认为割礼是庆祝女性成年的传统仪式。虽然埃及政府明文禁止割礼，但在文盲率极高且传统文化主导的农村社区，许多埃及人仍将割礼视作女孩成人的一种重要仪式。女孩父亲面对镜头嚎啕大哭，声称接受 CNN 采访意在让其他亲人分享割礼过程，是庆贺女儿生日之举，他完全不理解为何此事会让国家蒙羞，为自己招来牢狱之灾[③]。当记者遵循功利主义伦理原则，为了“更大的善行”而使消息来源面临风险，谁能认定“更大的善行”就能使让报道对象涉险更加合乎伦理[④]？一部分记者选择更倾向于罗尔斯“无知之幕”所提倡的责任伦理，优先维护弱势群体的利益。当采访对象可能面临风险时，记者“有

---

① Rao S.，Lee S. T.，. “Globalizing Media Ethics? An Assessment of Universal Ethics Among International Political Journalists”，*Journal of Mass Media Ethics：Exploring Questions of Media Morality*，Vol. 20，2005，pp99—120.

② Simon G.，“Media Ethics in Ethiopia” . in Ward S. J. A.，Wasserman H（eds）. *Media Ethics Beyond Borders：A Global Perspective*. New York and London：Routledge，2010，pp157—171.

③ Hammady. I R.，“Saving or Drowning? The Paradox of Attempting Ethics in International News and Communication” in Nikolaev A. G.（ed）*Ethical Issues in International Communication*. Hampshire：Palgrave Macmillan，2011，pp88—92.

④ Barnett. R.，“Ethics in China’s Wild West”，British Journalism Review，Vol. 19，No. 3，2008，pp49—56.

伦理和道德责任去保护消息来源者的身份——即使这样会削弱后面的故事效果。[①]”选择罗尔斯伦理原则的记者在报道他者可能产生风险时会考虑消息来源和报道对象的利益，在报道事实与保护被报道者之间做出平衡与选择，必要时甚至削弱或放弃报道。

在报道的内容问题中，有学者对日本媒体的移民法案修正报道进行内容分析，结果表明文化背景单一的日本记者缺乏文化和种族多元的敏感性，在报道中倾向于官方和主流受众的“反恐”与“国家安全”框架，忽视作为“他者”的外国移民的人权框架，新闻报道中的民族国家主义不符合文化多元的全球化国际化发展[②]。曾任美国驻华记者的詹姆斯·曼（James Mann）在其文章《建构中国》（Framing China）中指出：美国媒体报道中国时最主要的错误是用过于简单的单一维度框架刻画中国，几十年来虽然报道中国的框架在不断变化，但报道的机制没有改变，因此很难摆脱时代对新闻报道框架的影响，难以做到真正客观[③]。

对跨国报道实践时因种种报道后果所产生的报道责任问题也引起学者们关注。在战乱和文化种族冲突严重的地区和恐怖主义不断蔓延的全球各地，当新闻报道有可能引发种族仇恨、爆发冲突或扩大敌对事态时，记者如何在告知公众与权衡后果的职业要求与社会责任之间取得平衡，是跨国报道中常见的伦理困境。另外一种与报道后果相关的伦理问题是违背主流伦理的某些规范却可能产生良性的社会效果，这种有益性

---

① Schlesinger D.，“The Future of News Services and International Reporting” in Owen. J.，Purdey H.（eds）. *International News Reporting*：*Frontlines and Deadlines*. Chichester：Wiley－Blackwell，2009，pp15—37.

② Hayashi K.，“Questioning Journalism Ethics in the Global Age—How Japanese News Media Report and Support Immigrant Law Revision” in Fortner，R. S.，Fackler P. M.（eds）*The Handbook of Global Communication and Media Ethics Volume Ⅱ*，Chichester：Wiley－Blackwell，2011，pp534—553.

③ Mann J.，“Framing China” in Giles R.，Snyder R. W.，Delisle. L.（eds）*Covering China*. New Brunswick：Transaction Publishers，2001，pp101—106.

的程度在不同社会文化生态下区别巨大。例如，印度记者一方面受全球化影响接受西方新闻伦理，另一方面又因为印度社会的现实情境，对一些西方社会难以认同的新闻媒体失范行为是否能被接受的程度产生争议。例如，在印度用隐藏摄像机揭露腐败，或是付费给新闻线人用隐藏摄像机曝光私自告知婴儿性别的诊所。在印度社会腐败严重和由于传统文化导致婴儿性别比例失调的特定情境下，记者们对隐藏摄像机和付费线人的伦理容忍度要高于西方。印度记者在这样的伦理选择中，对社会公义和女婴权益的保护重于对诊所隐私的暴露和欺骗行为[①]。这类案例说明对报道后果与社会责任的衡量，会因为不同社会文化的特定情境，而在伦理抉择时产生跨文化的差异。

针对全球新闻实践中产生的各类伦理问题，学者们试图寻求更符合全球化、多元化、多样性的新闻报道模式，提出各种不同于既有新闻实践的尝试和主张，以求通过改变和完善新闻实践来解决新闻全球化催生的新伦理问题。例如，针对客观新闻报道常使冲突地区局势更加恶化的问题，冲突敏感新闻（conflict sensitive journalism）和和平新闻（peace journalism）的探索应运而生。冲突敏感新闻是在专业主义核心价值基础上的考量，认为简单重复冲突报道可能让冲突地民众感觉冲突是唯一解决方式，而加入情境分析，对冲突原因和解决方案进行报道，可能促使冲突消解，推动和平。冲突敏感新闻培训告知记者传统简单化报道以及煽情用词会加剧冲突，要培养记者的冲突敏感性，避免未经证实的判断，呈现各方观点和解决方式，弱化种族概念[②]。悉尼大学和平与冲突研究学院林奇教授（Jack Lynch）大力倡导和平新闻，他认为主流新闻思想过于专注战争和冲突，而忽略了提倡非暴力解决问题的报

① Rao. S., "Glocal Media Ethics" in Fortner R. S., Fackler P. M. (eds) *The Handbook of Global Communication and Media Ethics Volume Ⅰ*, Chichester: Wiley-Blackwell, 2011, pp154—170.

② Howard R., "Conflict Sensitive Journalism in Practice"., www.journalismethics.info/global_journalism_ethics/conflict_sensitivity_in_practice.htm.

道，在研究媒体报道激起冲突的案例过程中，林奇教授发起的和平新闻认为某种程度上记者应该承担起探求世界危机的预防措施之责任①。虽然有关和平新闻的伦理规范已取得一些共识，但在记者个体层面推行这些规范并不容易，在对新闻记者进行和平新闻推介培训时，规范都是可商议的，有效的方法是通过各种国际冲突的案例，让记者们探讨媒介在转变冲突中的作用，由此引导记者推行和平新闻实践②。

和平新闻如何在社会文化情境各异的地区践行？针对苏丹宗教分歧严重的状况，有学者认为应该在和平新闻中融合伊斯兰改良派的主张，倡导各宗教互相包容，通过这种主张解决苏丹媒体将少数派他者化的问题，有望在穆斯林地区推进和平新闻与和平传播③。而对于冲突频发的肯尼亚，则要借鉴非洲部落传统文化中主张社区和谐的“乌邦图”（UBUNTU）理念，媒体的功能是表达社区观点与关注，其作用是推动公民与社区参与度，推动集体发展而非强调个人权利，这种思想指导下的新闻对客观中立要求较低，更为重视社区参与和对话，由此有望推动非洲地区的和平④。对于社会文化迥然不同的亚洲地区，有学者指出东西方跨国采访要特别注意东方的对话文化，在采访中强调移情和互动的

---

① Kendall B.，“Diplomacy and Journalism” in Owen J.，Purdey H.（eds）. *International News Reporting*：*Frontlines and Deadlines*. Chichester：Wiley—Blackwell，2009，pp89—108.

② Tehranian. M.，“Peace Journalism：Negotiating Global Media Ethics”，*The Harvard International Journal of Press/Politics*，Vol. 7，No. 2，2002，pp58—83.

③ Sadig H. B.，Guta H. A，“Peace Communication in Sudan：Toward Infusing a New Islamic Perspective”. In Fortner R. S.，Fackler P. M.（eds）*The Handbook of Global Communication and Media Ethics Volume Ⅱ*，Chichester：Wiley—Blackwell，2011，pp602—625.

④ Fourie P. J.，“African Ubuntuism as a Framework for Media Ethics：Questions and Criticism” in Ward S. J. A.，Wasserman H.（eds）. *Media Ethics Beyond Borders*：*A Global Perspective*. New York and London：Routledge，2010，pp105—122.

Fackler P. M.，Obonyo，L.，Terpstra，M.，Okaalet，E，“Media and Post－election Violence in Kenya”. In Fortner，R. S.，Fackler，P. M.（eds）*The Handbook of Global Communication and Media Ethics Volume Ⅱ*，Chichester：Wiley—Blackwell，2011，pp626—654.

能力，而不仅仅成为一个客观中立的旁观者①。针对对异文化、弱势群体、边缘群体及亚文化群体等报道的他者化、刻板化问题，女性主义新闻实践提供了一种可能的解决模式。女性主义关怀伦理认为关怀与职责同样重要，应用到新闻实践中，记者要更投入地倾听他者，尤其是被边缘化和被忽视的弱势群体和亚文化群体，记者要让信息来源和被采访对象感受到来自报道者的关怀，在报道中避免刻板化②。

在理论研究维度，全球报道中日益出现的新问题让很多学者意识到在文化多元的情境下应对新闻客观性、新闻社会角色、新闻伦理等相关理论各方面进行重新考量。回顾现代新闻业的发展，新闻伦理的建构都是区域性的，各国各地区条款各异的伦理规范也都是针对本土的、地方性的和民族国家的。根据学者沃德（Ward）的划分，新闻伦理的发展可分为五个阶段，第一阶段为西欧新闻伦理的初兴，第二阶段是启蒙时期对公共伦理的讨论，第三阶段从第四权发展到自由报业，第四阶段为20世纪自由民主理论与其批判理论同时发展的阶段，形成了社会责任论基础上的客观新闻伦理，第五阶段是新媒体时代媒介技术发展给新闻业与新闻伦理带来的冲击与挑战③。媒介技术发展使新闻全球化成为可能，新闻传播的各个环节都打破了地域、族群、文化和价值观的疆界，全球的影响力也意味着全球的责任。在新闻全球化的新阶段，"要能意识到反映一国文化价值观的信息在他国文化情境下被接收时可能会产生冒犯或伤害，这种理解很重要。因此记者们看问题要突破国家/地域的视角，这些视角通常带有特定的偏见，而学者们要努力建构一套能尽可

---

① Kenney R.，Akita K.，"When West Writes East：In Search of an Ethic for Cross—Cultural Interviewing"，*Journal of Mass Media Ethics：Exploring Questions of Media Morality*，Vol. 23，No. 4，2008，pp280—295.

② Steiner L. "Feminist Ethics and Global Media" in Fortner R. S.，Fackler，P. M. （eds） *The Handbook of Global Communication and Media Ethics Volume Ⅰ*. Chichester：Wiley—Blackwell，2011，pp171—192.

③ Ward S. J. A.，"Global Journalism Ethics：Widening the Conceptual Base"，*Global Media Journal*，Vol. 1，No. 1，2008，pp139—141.

能获得普遍接受的，尊重不同文化，具备讨论空间的伦理系统。”①

批判理论扩展了新闻伦理的视野，从批判角度来看，以男性主导的、欧洲中心主义的、个人主义的、普世主义倾向的自由主义为基石的传统新闻职业伦理同样存在自由主义的偏见与限制。批判理论对新闻伦理研究的启示就是去西方化，在讨论新闻伦理时应该运用跨文化比较方法，融合全球与本土进行探讨②。后殖民主义批评研究虽然质疑媒介伦理的西方认识论和欧洲中心主义，但并非否定建构全球媒介伦理的可能性，只有批判地审视和重构伦理体系，才能建构出适合人类多样性的全球伦理③。为大多数人谋取最大利益的功利主义伦理原则是西方社会的媒介伦理基础，但这种以个人自主为基础的伦理更适合民主社会。在全球化多样性的社会里，罗尔斯的责任伦理，以及女性主义伦理、哈贝马斯话语伦理、社群主义伦理等都是更符合全球化要求的对话式伦理④。媒介伦理的探讨从理论到历史溯源多是西方主导，伦理学界很少引入后殖民主义、全球化和跨国主义路径，许多学者仍然认为西方媒介伦理具有普世性，伦理原则中很少融入非西方传统的部分⑤。

全球报道的伦理问题，实质上是新闻球土化（Glocalization）的实践过程中出现的新问题，是在既有伦理体系中引入批判的和跨文化视角的理论探讨。在新的发展阶段分析新闻伦理革新的具体情境与社会生态，一方面新闻实践与伦理都正在经历球土化的双向过程，既受全球化

---

① 引自 Leo Bowman 教授于 2013 年 4 月 19 日给笔者的邮件访谈答复。

② Ward S. J. A.，“Global Journalism Ethics：Widening the Conceptual Base”，*Global Media Journal*. Vol. 1，No. 1，2008，pp137—149.

③ Christians C. G.，Rao. S.，Ward. S. J. A，Wasserman. H.，“Toward a Global Media Ethics：Theoretical Perspectives”，*African Journalism Studies*，Vol. 29，No. 2，2008，pp135—172.

④ Christians C. G.，“Utilitarianism in Media Ethics and Its Discontents”，*Journal of Mass Media，Ethics：Exploring Questions of Media Morality*，Vol. 22，2007，pp113—131.

⑤ Rao S.，“Postcolonial Theory and Global Media Ethics：a Theoretical Intervention” in Ward. S. J. A.，Wasserman H（eds）.*Media Ethics Beyond Borders：A Global Perspective*. New York and London：Routledge，2010，pp90—104.

影响，又需面对本土社会文化背景，在全球和本土碰撞和磨合的双向运动中不断进化演变，形成新的意义[①]；另一方面，随着新闻传播研究从效果研究到社会生产研究再到文化视角的转向，批判理论，尤其是后殖民主义理论、女性主义理论、文化研究等扩展了新闻伦理研究的视野，对伦理与权力、西方中心主义、文化霸权等的反思，使媒介权力与文化差异被逐渐推到新闻伦理的研究中心，理论上的创新与转向势在必行。

理解全球与本土的关系是思考全球媒介伦理的关键问题。新闻球土化的概念超越了全球化与本土化的二元对立，是二者在权力与文化差异这两个维度下相互影响的过程。当然，新闻伦理问题中也有经济维度的影响，例如媒介集团的全球化加深了报道内容的同质化问题等等，但在全球报道的伦理问题中，最核心的两个影响维度还是权力与文化的因素。分析权力与文化两大因素及其影响的意义，在于针对全球报道的伦理问题探讨应该具有批判性的和跨文化的视角，批判地审视既有伦理体系在跨国跨文化报道中的权力不平等，以尊重和协商的态度面对全球报道中碰撞的新闻伦理和文化差异。例如，后殖民主义理论就为探讨全球媒介伦理提供了一种批判的视角，在理解同样概念在不同文化中的理解与释义时挖掘历史与权力不平等的关系，提醒新闻从业者改变带有种族中心主义偏见的认识论[②]。新闻伦理球土化过程最终会产生怎么样的结果？有学者考察印度的新闻伦理球土化过程，发现印度新闻伦理没有向西方一样重视“真相”，而是更强调准确，并在尊重传统文化的基础上重视克制。这说明球土化是一种能包容的理论框架，全球与本土互相影响，全球影响通过本土实践表现，本土化程度不弱反强，这种框架让我们脱离全球与本土的二元对立，意识到新闻全球化在本土实践中的复

---

① Wasserman H.，Rao. S.，“The glocalization of journalism ethics”，*Journalism*，Vol. 9，2008，pp163—181.

② Wasserman H.，“Media Ethics and Human Dignity in the Post－colony” in Ward S. J. A.，Wasserman H（eds）. *Media Ethics Beyond Borders*：*A Global Perspective*.，New York and London：Routledge，2010，pp75—89.

杂，而发展全球新闻伦理需要记者结合本土的社会文化情境、经历与价值观来吸收和运用[①]。

重构适应全球化时代的新闻伦理规范，是解决跨国、跨文化、跨种族新闻伦理问题的根本路径。伦理分为三个层面，第一层面为元规范（meta—values），是超越文化、种族和地域的人类核心价值，第二层面是伦理原则，第三层面为伦理规范，伦理的发展变化主要在第二、三层面，通过批判地审视既有伦理，建构适合人类多样性的全球新闻伦理（global journalism ethics）[②]。建构相对统一的全球新闻伦理不仅要反映人类文化的多样性，还要考虑不同社会环境的适应性。当然，文化的多样性和相对论不能等同于伦理的多样性和相对论，事实上研究表明不同区域伦理规范中的核心理念是相似的，这部分伦理即是建构全球新闻伦理的“元规范（meta—values）”的基础[③]。例如，有学者通过对四大洲13国的伦理规范的比较研究，发现生命神圣就是一种普世的元规范[④]。

全球新闻伦理重构的第二、三层面则是抽象程度较小的特定伦理原则与规范。这两个层面的研究成果相对丰富，学者们通过比较研究、调查访谈等各种方法探讨适合新闻全球化时代的伦理规范，主要内容包括：告知真相、人类尊严和非暴力原则构成全球新闻伦理的核心原

---

① Rao S.，“Glocal Media Ethics” in Fortner，R. S.，Fackler P. M.（eds）*The Handbook of Global Communication and Media Ethics Volume Ⅰ*，Chichester：Wiley—Blackwell，2011，pp154—170.

② Ward S. J. A.，“Summary of ‘Toward a Global Media Ethics：Theoretical Perspectives’”，*Journal of Mass Media Ethics*，Vol. 25，No. 1，2010，pp65—68.

③ Christians C. G.，“Cultural Diversity and Moral Relativism in Communication Ethics” in Nikolaev A. G.（ed）*Ethical Issues in International Communication*. Hampshire：Palgrave Macmillan，2011，pp38—42.

④ Christians C. G.，“Universalism versus Communitarianism” in Fortner，R. S.，Fackler P. M.（eds）*The Handbook of Global Communication and Media Ethics Volume Ⅰ*，Chichester：Wiley—Blackwell，2011，pp393—414.

则[①]，核心价值原则应用时要考虑不同情境，记者要遵循一种“倾听的伦理”，尊重差异，参与探讨[②]。跨国报道中记者应当遵循的 5 条原则是告知真相、公正、自由、人道主义、服务性，追寻真相、避免伤害、信任是记者的美德。另外一项研究提出跨国报道的 4 种伦理标准：克制（避免伤害）、自我认知（避免自我欺骗）、尊重他者（避免滥用权力或服务）、责任（对自己行为的后果负责）。其他规范包括：真相、完整、利益冲突、自由、诚信、尊重隐私、对待他者，或告知真相、独立、负责任的自由。沃德（Ward）提出信用、可辩解的后果、人道主义构成核心原则。布里斯林（Brislin）认为启发公民意识是普世价值。科韦克（Kovacic）认为记者应该以责任、包容与移情作为统一伦理的标准。博传德（Bertrand）认为尊重生命、促进人类团结、不撒谎、尊重财产、避免不必要的伤害他人是基础伦理，而普世新闻伦理包括竞争、独立、准确和促进社会发展。库伯（Cooper）指出真相与真实是各种伦理规范中最核心的，其次是责任。哈斐知（Hafez）在研究欧洲、北美中东和亚洲穆斯林地区的伦理规范后，认为真相、准确和客观是最普世的伦理规范[③]。

如何推行重构的全球新闻伦理，一种方式是记者要培养伦理世界主义（ethical cosmopolitanism）的态度，对新闻伦理原则与标准进行彻底反思。世界主义为理论工作设定了最高和最准确的标准，要将世界主义作为一种全球社会政治情境去理解新闻伦理[④]。世界主义起源与宗教

---

① Christians C. G.，“Universalism versus Communitarianism” in Fortner. R. S.，Fackler. P. M.（eds）*The Handbook of Global Communication and Media Ethics Volume Ⅰ*. Chichester：Wiley—Blackwell，2011，pp393—414.

② 引自 Herman Wasserman 教授于 2013 年 2 月 27 日给笔者的邮件访谈答复。

③ Tsetsura K.，Craig. D.，Baisnee. O. “Professional Values，Ethics，and Norms of Foreign Correspondents” in Gross P.，Kopper，G. G.（eds.）*Understanding Foreign Correspondence*，New York：Peter Lang Publishing，Inc，2011，pp165—185.

④ Christians C. G.，“Universalism versus Communitarianism”. in Fortner. R. S.，Fackler，P. M.（eds）*The Handbook of Global Communication and Media Ethics Volume Ⅰ*，Chichester：Wiley—Blackwell，2011，pp393—414.

的兄弟之爱、兼爱原则以及康德伦理。伦理世界主义态度下的跨国报道要包含不同来源和跨文化视角，这是一种全球的新闻客观[①]。伦理世界主义意味着跨文化报道的客观性是具有国际视角的客观性，不偏袒自己的国家和文化，明白自己对他国民众也肩负责任，力求促进全球公共空间的理性协商[②]。

国内新闻伦理研究多在单一文化或同质文化视野下，以新闻文本和新闻实践为对象，在新闻生产的客观性与惯习、政治经济利益与新闻专业的冲突、新闻观念扭曲与行为失范等方面展开论述。对跨国、跨文化、跨种族新闻的伦理问题关注较少。国内新闻伦理的主要成果以对策性研究（包括对新闻从业者的职业道德现状研究和媒体失范行为的案例研究）和新闻业的伦理与法的关系框架为主。前者包括《新闻法规与新闻职业道德》[③]、《新闻媒体非规范行为论略—当前传媒失范的一种分析与治理思路》等研究[④]，后者包括《新闻职业伦理四大争议问题评析》[⑤]、《新闻专业主义研究》[⑥] 等。《制度视野中的媒介伦理》从比较视角为中国媒介伦理的制度建构提供参考[⑦]。对跨文化新闻伦理的研究虽然尚处于发展阶段，国内学者的思考已涵盖对既有新闻伦理的批判与跨文化维度的引入、对跨文化、跨群体等“他者”报道的实践研究、对跨文化报道问题产生的原因分析、新媒体对全球新闻伦理的影响，以及跨

---

① Ward S. J. A.，“Global Journalism Ethics：Widening the Conceptual Base”，*Global Media Journal.*，Vol. 1，No. 1，2008，pp137—149.

② Ward S. J. A.，“Philosophical Foundations for Global Journalism Ethics”，*Journal of Mass Media Ethics：Exploring Questions of Media Morality.*，Vol. 20，No. 1，2005，pp3—21.

③ 黄瑚：《新闻法规与新闻职业道德》，四川人民出版社 1998 年版。

④ 何国平：《新闻媒体非规范行为论略——当前传媒失范的一种分析与治理思路》，《现代传播》2008 年第 3 期。

⑤ 展江：《新闻职业伦理四大争议问题评析》，《中国地质大学学报》2010 年第 3 期。

⑥ 吴飞：《新闻专业主义研究》，中国人民大学出版社 2009 年版。

⑦ 商娜红：《制度视野中的媒介伦理——职业主义与英美新闻自律》，山东人民出版社 2006 版。

文化新闻伦理的建构等诸多层面。

单波在其著作《跨文化传播的问题与可能性》中分析了跨文化新闻的现代性困境，并就跨文化伦理危机与建构提出主张，他认为新闻道德先天缺失跨文化伦理，不能反映不同区域、不同文化群体与西方价值观之间的协商关系，跨文化对话能促进伦理融合，从而产生处理新问题的全新概念与规范①。单波应用群体间语言偏见理论分析西方媒体的汶川地震报道，发现跨文化报道的偏见不在于新闻报道的议题和正面负面新闻的多少，而在于是否用刻板印象主导新闻话语②。

以《一个特殊群体的媒介投影——传媒再现中的“农民工”形象研究》为代表的一批论文探讨文化“他者”的媒介表征，对不同群体的报道进行分析③；《跨文化传播中媒介刻板印象分析》与《跨文化新闻传播中的文化差异和因应策略》则分别从刻板印象和文化误读的角度阐释跨文化媒介内容问题的根源④。《网络时代的匿名传播伦理和跨文化传播伦理》与《论新媒体背景下的全球新闻伦理》开始关注媒介技术发展对新闻伦理的影响，网络时代的跨文化新闻仍然带有种族中心主义的偏见⑤。《跨文化视野下国际传媒文化面临的新困境——全球新闻专业主义道德伦理之反思》与《跨文化传播的伦理空间》则从建构的角度探讨跨文化新闻伦理和全球新闻专业主义的形成与重构⑥。

国内外学者的研究揭示出新闻全球化和跨文化报道的实践与问题催

① 单波：《跨文化传播的问题与可能性》，武汉大学出版社 2010 版。

② 单波：《跨文化传播的问题与可能性》，武汉大学出版社 2010 版，第 231 页。

③ 许向东：《一个特殊群体的媒介投影——传媒再现中的“农民工”形象研究》，《国际新闻界》，2009 年第 10 期。

④ 张晓静：《跨文化传播中媒介刻板印象分析》，《当代传播》2007 年第 2 期。

张瓅尹：《跨文化新闻传播中的文化差异和因应策略》，《湖北社会科学》2011 年第 4 期。

⑤ 王勇：《网络时代的匿名传播伦理和跨文化传播伦理》，《东南传播》2007 年第 2 期。

曾明瑛：《论新媒体背景下的全球新闻伦理》，《西南大学学报》2010 年第 5 期。

⑥ 郑涵，牛海坤：《跨文化视野下国际传媒文化面临的新困境——全球新闻专业主义道德伦理之反思》，《上海大学学报》2010 年第 5 期。

孙英春，孙春霞：《跨文化传播的伦理空间》，《浙江学刊》2011 年第 4 期。

生着新闻伦理的全球化、跨学科、跨文化的重构转向，而新闻伦理的全球重构有望指导新闻全球化的各类实践问题。尽管一批有志于建构全球新闻伦理的学者在本领域耕耘不辍，但距离实现全球新闻伦理的推广应用还有相当的距离。一方面媒介伦理研究本身面临着种种质疑，根据沃德总结，对全球新闻伦理的质疑和挑战主要在于认为这种研究是过于理想化的乌托邦主义，从经济和组织结构角度考量，全球新闻伦理难以付诸实践；从规范和文化障碍角度考虑，全球新闻伦理是理论建构的乌托邦；从文化相对主义和伦理相对主义角度考虑，普世主义并不受欢迎①。另一方面是实践层面的困难，随着跨国媒体出于经济成本考虑不断压缩驻外记者站，预算紧张让记者们更难深入了解其他文化和体会具体情境，跨文化报道继续出现“他者化”的弊端，也难以培养记者的“伦理世界主义”观②。当然，理论与实践层面的双重困局并不能否定推动全球新闻伦理重构和应用的必然性与价值。

上述研究综述从国际传播与国际新闻、从业者研究和职业规范研究等三个相关维度展开，为本研究关于中国新闻记者的国际报道研究提供了具有启发性的理论视野与参照。各领域研究虽然角度各异，成果不一，但呈现出下列共性的问题：其一，国际新闻传播相关领域研究的理论架构较为薄弱，国际传播与职业规范方面相对较为充实，但国际新闻报道与相关从业者研究维度缺乏整体、系统的理论建构，多为针对特定或具体议题的局部理论构建与经验研究。其二，研究与理论构建的进展落后于相关实践的发展。国际传播与国际新闻与全球政治、经济与技术生态息息相关，世界各国政治力量、经济发展与技术创新处在不停的动态变化中，从而引发国际新闻传播相关实践的发展变化。全球化的发展、各国政治经济力量的变化与技术革新共同导致国际新闻流动、选择与建构的种种改变，也引发国际新闻从业者定位、类型和工作方式的革

① 引自 Stephen. J. A. Ward 教授于 2013 年 2 月 28 日给笔者的邮件访谈答复。

② 引自 Herman Wasserman 教授于 2013 年 2 月 27 日给笔者的邮件访谈答复。

新，空降记者取代逐步减少的驻外记者就是其中之一，但针对空降记者跨国报道以及其他新兴国际报道类型（远距型、公民型国际报道）的研究严重缺失，大部分研究仍延续既有的研究路径与议题，对新实践和新变化的研究比较匮乏，理论未能反映、跟进和指导实践的变化。其三，国际新闻及相关研究仍受到发达国家与发展中国家、东方与西方、中心与边缘、霸权与依赖等二元对立框架的影响，缺乏全球化的、跨文化的、去西方化、去中心主义的更加多元多样的研究角度与视野。国内相关研究在政策导向影响下偏向国际传播话语权、传播战略、软实力等框架议题，也体现出本领域研究视野受到二元对立思维与框架的影响；其四，来自发展中国家、转型社会以及中国的相关经验研究非常缺乏。经验研究及成果在地缘上仍以传统“中心”国家与地域为主，在意识形态领域仍以西方文化及其主导新闻传播观念为主，在政治制度上以民主体制社会类型为主，虽然出现了少量中东、南美与亚洲国家的经验研究成果，但远远没有达到区域、体制与社会类型、文化意义上的平衡，相关研究的多元化、多样性和跨文化性未能得到体现。中国的经验研究，作为一种转型社会、经济新兴力量、亚洲文化的典型代表，具有重要意义。但目前有关中国的经验研究非常有限，少量成果也多是出自海外的华裔学者，中国内地学者的参与严重不足。

上述相关研究成果及其局限为本书的研究提供了基础与空间。通过对本土空降记者及其国际报道的考察，探讨转型社会和非西方文化体系的传播生态下，国际新闻报道的本土实践类型与特征，考察特定生态下新闻报道实践在全球与本土两种力量博弈与互动下的产生、发展与塑形，以及这种报道实践如何受到各种制约因素的影响。在上述研究基础上分析中国媒体在国际新闻生产中的困境与问题，并进一步从媒介环境、组织常规、生产惯习、从业群体等方面探索完善中国记者报道国际新闻的路径与可能性。

方法与思路

（一）研究方法

本书旨在考察中国新闻媒体派出记者到海外现场报道国际新闻的现状与问题，综合运用深度访谈、调查问卷、个案分析、比较研究与文本精读的方法，从从业者、生产过程和内容呈现等多重视角考察中国记者报道国际新闻的问题。对新闻从业群体及生产过程的研究，从国内外学者的研究方法选择来看，调查问卷与深度访谈是广泛采用的方法，通过问卷调查考察空降记者群体的构成与背景等总体特征，通过深度访谈深入了解受访对象的跨国报道经历，收集报道过程中的各种困境与问题，厘清记者跨国报道的问题域与困境类型，积累相关典型案例，为国际新闻生产研究提供第一手经验材料。定性的深度访谈是多次的、开放式的、无结构或半结构式的访谈。另外，通过个体案例分析空降记者及其跨国报道的不同困境与问题类型，通过比较的方法呈现空降记者与传统驻外记者在不同层面的异同，更清晰地阐明跨国报道记者的群体特征与问题所在，为进一步分析探讨导致问题的不同因素与解决路径提供事实依据。文本精读通过收集和分析记者的国际报道内容，考察跨国跨文化报道的内容特征、框架及偏向，从内容呈现的角度反观新闻生产过程的问题，结合对报道者的访谈和生产过程的发现，为研究中国记者的国际新闻生产及其问题提供必要的支撑与佐证。文献研究梳理相关理论基础，并为调查与访谈资料提供必要的补充材料。

新闻报道内容研究可以通过质化或量化的不同路径进行，旨在分析媒体内容的意义生产。量化研究更加精确测量，质化研究通过语言使用和叙事结构专注意义的建构分析。根据研究的具体情境、需求与研究者的路径与方法偏好、技能与研究期待，不同研究应当选择不同方式。文本精读（close reading）的内容分析方法从质化的话语分析和文本分析传统中衍生而来，主要针对报道内容的主题、信源、修辞、结构、框架等方面进行统计、细读与分析[①]。本书对中国新闻记者跨国跨文化报道的内容分析重点针对报道主题、信源使用、报道角度与框架，旨在配合从业者与生产过程的研究、为其提供佐证和形成比较，从报道呈现的维度考察中国记者国际新闻生产的现状与问题，因此对报道进行质化的文本精读是比较恰当的方法选择。

本书的研究使用香港 Wisenews 数据库（慧科新闻搜索数据库）对中国记者的跨国报道文本进行检索，该数据库涵盖大陆地区 80%以上的省级党报，重要城市及地区的都市报、财经报纸等媒体。提供报道日期、版面、字数、全文等内容，同时可以进行多关键词、日期、作者、地区等检索程式。报道样本主要收集深度访谈记者的跨国报道，由于受访记者主要报道各类国内新闻，搜索样本难以通过从业时间或报道主题关键词对其国际报道进行筛查，搜索时间范围主要依据受访记者自述的跨国报道时间，为了避免遗漏专题或深度报道，搜索时间跨度限定为跨国采访时间前后半年。最后通过对报道署名、报道地点和报道内容的筛查甄别，共获得 280 篇受访记者的跨国报道样本进行细读与分析。

调查访谈对象的选择抽样不能通过概率抽样或随机抽样的方式进行，因为中国媒体在派出报道国际新闻的记者并非岗位固定的从业群体，而是平时负责特定版块的国内新闻报道记者或国际新闻编辑，临时抽调进行出国采访报道而暂时成为“空降”记者。曾经有过空降跨国采访报道经历的记者在不同地域、不同媒体、不同报道条线和版块的分布并不均衡，重要国家级媒体、市场化程度较高、经营状况较好的媒体，或比较重视国际新闻的媒体派出记者跨国报道的比例更高。因此，调查访谈对象的联系渠道主要通过媒体社交网络（QQ 群、微博职业圈、微信群及各媒体内部交流群等）、相关人士推荐（记者、熟人、朋友）等

① Ibrahim D.，“The framing of Islam on network news following the september 11th attacks”，*International Communication Gazette*，Vol. 72，No. 1，2010，pp111—125.

滚雪球抽样的方式，在重点地区、重点媒体范围内接触和扩展受访群体。例如，通过媒体人微信群发布研究信息、调查问卷及访谈邀请，寻找有过空降跨国报道经历的研究对象以及部分长期驻外记者，并通过符合条件的记者引荐更多具有空降跨国报道经历的调查对象。

接受问卷调查的 74 名中国内地驻外记者和空降记者主要包括北京、上海、广东、西安等地主要媒体中曾经跨国报道的记者，其中包括 14 名驻外记者（其中 6 位来自国家级中文媒体，5 位来自地方性中文媒体，3 位来自国家级外文媒体），60 名国内派出的空降记者（其中 9 位来自国家级中文媒体，50 位来自各地方性中文媒体，1 位来自国家级外文媒体）。接受问卷调查的还有 3 名美国驻外记者（一位为美联社驻外记者，一位曾为路透社、法新社、道琼斯等多家国际通讯社全职工作，一位作为自由撰稿人为多家美国媒体工作）与 2 名香港媒体记者（凤凰卫视与香港电台 RTHK 记者）。接受一次或多次深度访谈的记者共有 37 位，其中 34 名为中国内地媒体记者，1 名为凤凰卫视记者，1 名为美国籍自由职业记者，1 名为美联社记者助理。接受调查和深访的中国空降记者从区域影响来说涵盖国家级媒体与地方性媒体，从媒体属性来说涵盖机关媒体和市场化媒体、综合媒体与行业媒体，从媒介类型来说涵盖纸媒、广电媒体和网络媒体，从记者背景来看涵盖媒体管理层、部门负责人、编辑与一线记者。研究样本背景及所属媒体机构的混杂多样性一方面源自且体现了国际报道记者群体自身构成的多样性，另一方面也为分析报道问题产生的非个体因素提供了必要佐证。

问卷调查与深度访谈从 2014 年 5 月初开始到 2014 年底陆续完成，全部访谈均为面谈，每次历时一小时至三小时不等，在北京、上海和广州三地完成。填写问卷的记者与接受访谈的记者部分重合，考虑到大部分参与问卷调查的记者没有机会进行深度访谈，在问卷的开放性问题部分增加与访谈提纲相近的内容，主要涉及报道经历、报道期间的困难与问题，以及记者的相关体会建议等。访谈提纲只作为纲领性的访谈内容参照，在正式访谈过程中的具体问题与重点，根据访谈对象的不同背景、跨国报道经历等方面的情况有所变化，针对访谈对象的经历特殊性展开个性化的交流与访谈。根据相关研究伦理与事先约定，所有调查和访谈对象在研究中按照访谈时间顺序以编号识别。本次研究中虽然接受调查问卷和深度访谈的记者样本绝对数量不大，但研究对象背景和媒体属性的分布相对完整，研究样本虽不能完全反映总体样本的全貌，但具有一定的总体样本代表性。另外，新闻媒体是否派出空降记者，以及派出频率，与媒体经营状况、风格定位、政策导向等多种因素相关，发展并不均衡，北京、上海、广州等地的媒体记者成为空降记者的可能性更大，跨国报道的经验更丰富，遭遇的问题类型更全面，本研究选择的调查访谈对象主要来自上述重点地区和重点媒体，因此具有一定的总体样本典型性。综上所述，本书的研究受访样本具有一定的总体样本代表性，对受访对象的问卷调查、深度访谈和文本分析能反映中国记者奔赴海外报道国际新闻生产的典型困境与问题。

（二）研究思路与框架

本书试图从不同层面探讨中国新闻媒体派出记者空降海外现场报道跨国、跨文化新闻这种模式的新闻生产问题及解决路径，首先通过问卷、访谈、个案、文本等方法分析中国记者报道国际新闻的现实困境及其种类、导致困境的新闻生产影响因素及其可能的解决路径，对这种本土实践的现实问题研究构成本书的主体部分。将上述研究置于“全球一本土化与新闻变革”的研究视野之下，又是中国语境下的一项经验研究，探讨本土报道实践如何应对新闻全球化的冲击，如何在“全球”与“本土”两种力量的影响下进行互动和调适，从全球一本土化的视野观察中国记者在报道过程中产生的问题，并为今后的进一步研究和讨论提供理论框架和依据：当记者当前面临的主要问题解决之后，中国媒体“走出去”报道国际新闻，提升国际报道能力，今后可能存在的问题及其对应的研究方向。

研究思路图示如下：

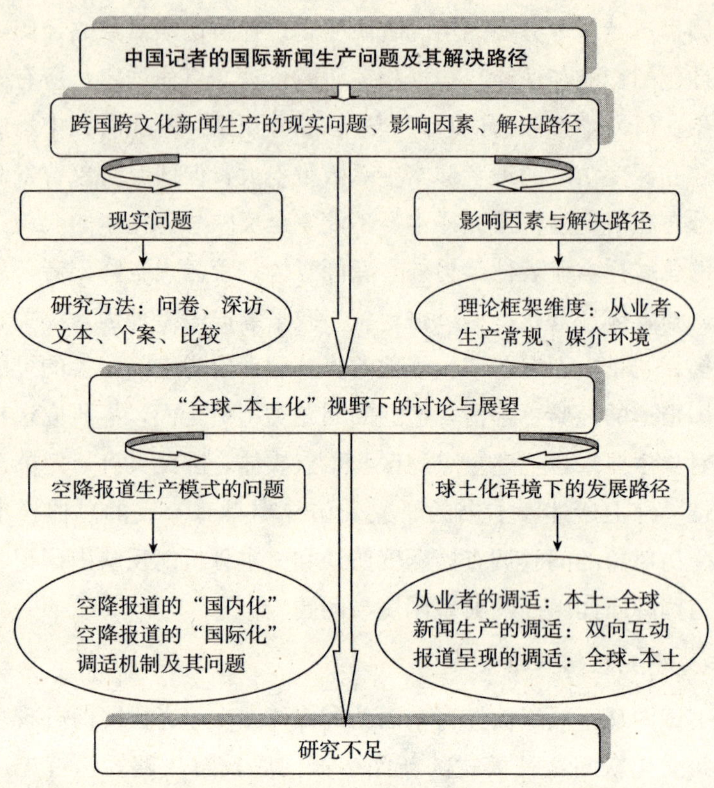

图1　研究思路图示

本书共分为五大部分，具体框架与章节安排如下：

第一部分为绪论，梳理国际新闻报道的发展历程与变化趋势，介绍中国记者参与跨国跨文化国际新闻报道的相关背景及其发展的必然性与必要性，提出主要研究问题，对国内外相关理论与研究现状展开述评，说明研究方法、思路与研究意义，以及论文整体框架与章节。

第一章在调查问卷统计结果基础上归纳与呈现中国派出记者的主要类别、跨国报道的主要类型及其背景特征。第一小节介绍跨国报道从业者的四种主要类型：驻外记者、空降记者、远距记者和公民记者；第二小节从专业背景、报道领域、外语水平、出国经历、报道类别、相关培训等方面呈现海外报道记者的构成与特征。

第二章在调查、访谈基础上通过个体案例呈现，提炼与归纳中国新闻记者的国际新闻生产困境及类型。第一小节总结空降记者的典型问题，包括外语水平、经验与资源、专业能力与敬业程度不足；第二小节指出海外报道的特殊困境，即到达现场的障碍与到达后的路径困惑；第三小节针对跨国报道生产的偏向问题，分别包括报道选题、报道角度、新闻采集与内容呈现等各环节的国内化偏向；第四小节讨论跨国跨文化报道的伦理问题，包括采访报道过程中使用争议性手段以及受邀报道接受邀请方资助的伦理问题；第五小节关注国际报道生存与发展的风险问题，分析经营压力与预算限制，以及制度和政策改变带来的冲击和风险；第六小节针对中国记者的职业角色认知问题，分析相关从业者在职业角色认知方面的多样性和多变性特征，以及这种不确定性导致记者难以形成职业认同的困境。

第三章分析与探讨产生上述各类困境的问题所在，影响中国记者国际新闻生产的制约因素与解决路径。第一小节梳理新闻生产方面的研究成果，选择新闻生产层级影响因素的理论框架以考察空降报道受到哪些因素的影响和制约；第二小节分析从业者层面的影响因素，包括专业技能、职业伦理和职业角色；第三小节分析跨国报道生产常规层面的影响因素，包括前期准备、选派与培训、组织管理与支持、编辑流程与制度等；第四小节分析海外报道的媒介环境影响因素，包括经济因素、制度与政策因素，以及技术因素；第五小节在上述分析基础上修正和调整适用于中国语境下派出记者进行国际新闻生产的影响因素理论框架，主要包括从业者、生产常规与媒介环境三个维度；第六小节应用报道影响因素理论模型来分析中国媒体跨国报道所面临的问题，并作为理论依据探讨解决问题的路径。第一种路径针对现有生产模式进行改善，包括从业者通过思维转变与职业认同重构完成国际化转型；优化跨国报道机制，通过预算与报道经费来源的多元化、国际报道规制的专业化与技术支持的普及化去完善报道的生态环境，通过国际报道形态与题材的多样化和报道机制的项目管理化来建立报道生产机制。第二种路径探讨国际报道的创新模式，通过新闻生产模式的革新去解决现有模式在从业者、生产常规和媒介环境三个维度的问题，新闻众包、众筹与众智模式有助于解决资金短缺；用户共同生产模式改变原有生产偏向与组织制约，借力用户智慧提升空降报道的品质。

第四章为结论与进一步讨论，中国记者的国际新闻生产问题实质上是本土新兴报道模式在“全球—本土化”的作用力下如何调适与变化的问题。中国本土新闻媒体通过自我“调适机制”，一方面不断突破制度和政策制约，尝试自主生产国际报道，争取生存空间，另一方面结合国际新闻“本土化”和本土新闻“国际化”的双向策略，使本土媒体的国际报道区别于国际通讯社与他国媒体的报道，产生本土相关性与差异化的独特价值。讨论部分还指出进一步研究的三方面议题，包括本土媒体在“全球一本土”的互动框架下进行调适的类型与规律；本土记者从“国内”到“国际”转型的内涵及途径；以及本土媒体的国际报道如何在避免“国内化”偏向的同时体现“本土相关性”的差异化价值。最后指出本次研究的不足。

中国新闻媒体派出记者空降海外打破了国内记者和驻外记者的界限，平时他们在国内报道，在同质文化环境下报道新闻；当飞赴海外报道新闻时又将在异国、异文化环境中进行报道，推动国际报道更加多元多样。但是，与驻外记者相比，空降记者报道国际新闻面临更大挑战和更多困境。学界对这类记者跨国跨文化报道的研究落后于新闻实践本身的发展，对这种新的报道及生产模式缺乏经验研究，对其存在的问题与解决的路径亦无归纳与探讨，难以对中国记者面临的困境进行理论反思、辨析与指引。因此，系统考察中国媒体记者奔赴海外报道国际新闻的新实践及其问题，对于完善中国新闻媒体的国际报道，提升中国记者的职业素养与国际报道能力具有迫切的现实意义。

本书在参照西方新闻理论框架的同时，依据中国语境的独特性进行修正和调整，补充与完善新闻生产影响因素理论的跨国、跨文化适用性与完整性，使相关理论具备更多元、多样的的解释力和针对本土实践的适用价值。同时，本书为考察全球－本土化与新闻行业的变革提供中国语境下的经验研究样本，用以观察在全球－本土化视野下，本土新闻实践如何在两种力量中调适和变化。在全球－本土的互动框架下考察新闻行业的应对与变化，需要全球各国的经验研究与对比研究作为基础去发现规律与建构理论，作为本土经验研究和理论构建的必要组成部分，本书的研究具有一定的研究价值与理论价值。

第一章 空降海外新闻现场的中国记者

第一节 国际新闻从业群体的主要类型

新媒体技术发展给新闻行业，尤其给跨国、跨文化报道实践带来冲击和变革，从事国际报道的从业群体逐渐分化为以下四大类别：驻外记者、空降记者、远距记者和公民记者。虽然传统驻外记者的人数在全球范围内呈下降趋势，但仍是国际报道从业群体的重要组成。对驻外记者的研究主要集中在两方面，关注群体特征、考察工作惯习与报道经验。例如，一项针对在美国工作的外国记者研究表明，20 世纪 50 年代驻美外国记者多数是中年男性，教育背景良好，工作时间长。20 世纪 70 年代的调查结果类似，这些记者主要依靠美国媒体作为新闻来源，职业自主性很高。20 世纪 80 年代的研究表明驻美外国记者平均年龄降至 40 岁左右，工作经验丰富，仍然依赖美国新闻作为最核心的新闻来源。20 世纪 90 年代的调查发现驻美各国记者教育背景良好，经验丰富，依赖美国主流媒体。2000 年后的调查发现，驻美外国记者的典型特征为 45 岁左右白人男性，大学毕业，有 20 年报道工作经验，超过 10 年的驻外记者经历，总体年龄偏大，教育程度较高，比美国记者更有经验。而对美国驻外记者的类似调查发现与驻美各国记者的特征相似度高，均为教育背景良好，收入颇丰的中年男性，通常具有 20 年工作经验，10 年驻外经验。与过去相比，为美国媒体工作的外籍人士和女性雇员比例不断增长。对驻外记者工作惯习与表现的研究发现，驻外记者比其他类别的记者更加认同的职业角色为信息释义者，因此，新闻的解释与分析功能最为重要，其次才是调查和迅速获得信息。驻外记者比其他记者更少使用有争议的方式和手段，影响驻外记者工作的因素包括个人背景、所在工作地经历和国内新闻编辑室的兴趣所在。①

空降记者（parachute journalists）一直作为传统驻外记者的补充存在，临时赶赴国外新闻现场进行报道，结束后继续国内报道工作。为了应对新媒体技术冲击造成的经营困境，传统媒体不断削减驻外记者站，停止和减少雇佣全职驻外记者以节省成本。国际新闻比例逐渐下滑，媒体更多依赖通讯社提供消息，以成本更低的空降记者代替传统驻外记者的工作。与此同时，发展中国家和转型社会的媒体在争取国际话语权的政策导向和经济发展的前提下，逐渐改变过去主要依赖通讯社提供国际新闻的惯例，派出记者空降海外进行报道。例如，广东地区的媒体《南方日报》、《南方都市报》、《21世纪经济报道》、《广州日报》等都曾派出记者奔赴世界各地，参与报道美国大选、海地地震、马航失联等重大国际新闻。上述两种变化说明国际报道中的空降记者人数逐步增长，没有外派任务时负责报道国内新闻或编辑国际新闻，报道领域包括体育、娱乐、摄影、文化、医疗、社会、财经等各版块，只在特定国际新闻涉及相关报道领域时才被抽调派出。

远距型记者在本地新闻编辑室直接制作国际新闻，该类型随着媒体对国际新闻的制作成本削减和新技术的发展而逐渐增加。新媒体技术的发展使远距离报道国际新闻在技术上成为可能。当异国新闻事件发生时，在本地新闻编辑室里的编辑、记者通过卫星广播、卫星电视、国际互联网等渠道关注事件动态，并借助卫星电话、网络论坛、各种社交媒体与移动终端平台（facebook \ youtube \ twitter \ 微博 micro－blog \

① Willnat L.，Martin J.，“Foreign Correspondents－An Endangered Species?” in Weaver D. H.，Willnat L.（eds）. *The Global Journalists in the 21st Century*. New York：Routledge，2012，pp495—510.

微信 we－chat）联系新闻当事人、目击证人或其他相关人士进行远距离采访，获取新闻现场传递出来的文字、声音、影像和图片等一手资料，进行核实、筛选和分析整理后再编辑发布。在网络与多媒体技术的帮助下，新闻发生地的当事人和其他公民成为消息来源和原始素材提供者，本地编辑室的编辑记者则通过电话或网络渠道联系、采访、写作和编辑，实现对跨国新闻的远距离加工生产。在此过程中，提供原始新闻消息素材的事发地人士不仅是传统意义上的新闻当事人、采访对象和相关人士，也在一定程度上参与了跨国新闻的生产制作过程，变成“初级”新闻制作者。远距型编辑记者则在本地新闻编辑室摆脱对通讯社的依赖，变成新闻的“高级”制作者，再加工生产出个性化的国际新闻。与空降记者一样，远距记者平时也负责不同报道领域的新闻制作。

与上述三种类别不同，公民型国际报道记者通常不从属于特定媒体机构，而以公民个体或自愿组织等方式参与跨国新闻的报道实践。公民型记者又细分为几下几种类别：第一种为自由撰稿人（freelance journalists），此类记者不受雇于特定媒体，在国际新闻现场自主行动，其报道售与所需媒体。2015 年初在叙利亚遇害的日本记者后藤健二就属于此类记者。由于派遣媒体记者进行国际报道承担较高风险，而自由记者与媒体机构之间只有报道买卖关系，较少承担记者的保险和其他风险，因此自由记者越来越受欢迎[①]。第二种类别是在非媒体机构资助下报道国际新闻的公民记者，其中一部分曾经受雇于传统媒体，后因驻外记者削减或其他原因转为其他机构从事国际新闻制作。例如，美国福特基金会就曾资助公民记者专注于环境新闻的跨国报道并意图通过这种方式推动对环境问题的国际关注，补充媒体对某类全球性议题的报道匮乏

① 闾丘露薇：《他是不是真正的勇敢》，2015 年 2 月 5 日，见 http：//dajia.qq.com/blog/442365035896775。

或忽视[1]。第三种公民记者以自愿团体或非营利性组织形式参与跨国报道。这些公民团体或组织旨在解决国际新闻的同质化、单一化问题，推动跨国报道的多元化、多样化发展。公民型记者来自各行各业不同背景，共同点在于都以非媒体从业人员的公民个人或志愿组织的身份和形式参与国际新闻制作和传播。

第二节　中国空降记者的背景与特征

中国空降记者来自不同类型的媒体，从事不同条线的报道，其背景的混杂性正是空降记者群体的背景特征之一。依据不同分类标准，空降记者可划分为不同类别。按照空降始发地区分类，一类是国外空降记者，这类记者被派驻国外某地，平时是驻外记者，调遣到邻近国家报道新闻，临时成为空降记者。例如中央电视台常驻伦敦记者赶赴瑞典报道诺贝尔颁奖典礼，在这次任务中成为空降记者；另外一类是国内空降记者，从国内被空降到国外采访报道，平时则在国内工作。绝大部分空降记者为国内空降记者。按照所在媒体机构的种类或性质来区分，可分为国家媒体空降记者和地方媒体空降记者；中文媒体空降记者和外文媒体空降记者；党报（台）媒体空降记者与市场化媒体空降记者；综合性媒体空降记者和行业媒体空降记者；通讯社空降记者、纸媒空降记者、广电媒体空降记者和网络媒体空降记者等。按照记者负责的报道领域、条线或版块区分，又可分为国际新闻记者、政文记者、娱乐新闻记者、体育新闻记者、财经新闻记者、机动记者、特稿记者等。

极少数中国地方媒体或行业媒体派驻长期驻外记者（例如《21世纪经济报道》在美国、布鲁塞尔等地派驻驻外记者），绝大部分驻外记

---

① Hamilton M. J.，"Foreign Correspondence：one age ends，another begins". In Clarke J.，Bromley M.（eds）. *International News in the Digital Age*. New York：Routhledge，2012，pp211—221.

者供职于新华社、中国国际广播电台、《中国日报 China Daily》、中央电视台、《人民日报》等国家级媒体。驻外记者主要在常驻国家和地区从事采访报道，也接受本单位调遣或其他媒体邀请到邻近国家进行采访报道，成为临时空降记者。这部分由传统驻外记者临时变身的空降记者，是非典型意义上的空降记者，大多具有国家媒体的稳定编制，具备双语甚至多语沟通和工作的语言技能，长期工作生活在国外，主要报道所在国新闻，对所在国社会文化有相对深入的了解，具备一定的人脉资源。因此，虽然临时成为空降记者，但此类记者在年龄构成、工作经验、工作压力、职业定位和认知方面都与国内派出的空降记者有显著差异，更倾向于驻外记者类型，有相对一致的特征。

典型意义上的空降记者指媒体从国内临时派出进行跨国采访报道的记者，国内派出的空降记者是本书所界定的空降记者主体。这个群体构成复杂，背景特征各异。既有全国性媒体记者，也不乏地方媒体记者；既有市场化媒体，也有党媒记者；既有事业编制记者，也有合同制记者；既有国际新闻记者，也有政文记者、财经记者、体育记者、娱乐记者、机动记者；既有外语沟通能力出色，也有完全依赖翻译完成采访的记者；既有从无出国经验的记者，也有国外经历丰富的记者，所有从事国内报道的记者，都可能成为某一次或多次国际新闻的空降记者。与驻外记者相比，此群体并无相对统一的构成背景和职业特征，但当他们成为空降记者以后，呈现出相对一致的特征。例如，与驻外记者相比，他们通常不太熟悉报道地区的社会文化语境，缺乏相对稳定的人脉资源。与外国记者相比，他们更加年轻，职业生涯短暂，缺乏国际报道经验，在跨国报道中常常遭遇相似的困境。

本书对 14 名驻外记者，（其中 6 位来自国家级中文媒体，5 位来自地方性中文媒体，3 位来自国家级外文媒体）、60 名国内派出的空降记者（其中 9 位来自国家级中文媒体，50 位来自各地方性中文媒体，1 位来自国家级外文媒体）展开问卷调查，统计、整理和分析问卷样本的调查结果，并与驻外记者进行横向比较。中国媒体到底有多少记者曾经成为派到海外报道新闻，并无大规模调查统计的数据。74名记者的统计数据不足以代表中国空降记者的总体样本情况，但可以通过研究样本所呈现的构成、背景与特征，对国内媒体派到海外报道新闻的记者群体及其特征形成初步了解。

一、专业背景

空降记者专业背景主要分为三类，新闻类专业背景、语言类专业背景与其他专业背景（包括多种专业背景）。74名样本对象中，45人为新闻专业背景，17人为语言类专业背景，16人为其他专业背景（部分记者为多种专业背景）。在14名驻外记者中，新闻专业背景7人，语言背景3人，其他专业背景4人。在60名空降记者中，新闻专业38人，语言背景14人，其他专业背景12人。统计结果表明：研究样本中，无论是驻外记者还是空降记者，新闻专业背景的记者最多，其中新闻背景的驻外记者占其样本总数的50%，空降记者占63%。语言背景和其他背景的空降记者比例差别不大，意味着语言专业背景并没有成为挑选驻外记者和空降记者的决定因素。其他专业背景构成多样，主要包括国际关系、国际政治、法学、历史学、社会学、经济学、金融学、数学、建筑学、应用心理学、体育学、电子商务、国际贸易等，中国空降记者专业背景多样这一结果与2012年韦弗（Weaver）等人所做的全球记者中一半以上毕业于非新闻专业的调查结果相对一致①。

二、报道领域

报道领域指记者平时负责的报道版块和条线，分为驻外多题材报道、国际新闻和其他领域三种基本类型。非行业性媒体的驻外记者一般

① Weaver D. H.，Willnat L.，"Journalists in the 21st Century：Conclusions". in Weaver D. H.，Willnat L.（eds）*The Global Journalists in the 21st Century.*，New York：Routledge，2012，pp529—551.

不分领域和条线，各类消息都要报道；国际部的空降记者主要负责国际新闻，其他部门空降记者负责各类不同的报道领域。14 名驻外记者中，8 名负责多题材报道，4 名负责国际新闻，2 名负责其他领域新闻，主要为财经新闻报道。60 名国内空降记者中，17 名负责报道国际新闻，43 名负责其他版块新闻，包括时政、财经、机动、深度、专题、社会、文化、体育、娱乐、摄影等。统计结果显示，选派空降记者出国报道并非以国际部编辑记者为主导，实际上国际部派出的空降记者只占样本人数的 28%，大部分空降记者来自其他国内新闻版块，这与选派时考虑条线与报道领域的相关性有关。例如，在考虑选派记者前往马来西亚报道马航失联事件时，某行业媒体相关负责编辑就主要考虑报道领域相关性，因而派出负责航空条线的记者奔赴马来西亚进行报道（CPJ003 号访谈对象）。

三、外语水平

问卷选择将记者外语水平分为三种层次，第一种 A“难以达到日常沟通水平”；第二种 B“简单沟通可以，完成采访任务需要翻译帮助”；第三种 C“沟通与工作都熟练使用外语完成”。14 名驻外记者中，1 名记者选择 B，13 名选择 C。60 名国内记者中，26 名记者选择 B，34 名选择 C，无人选择 A 选项。样本统计结果表明，驻外记者与空降记者在外语沟通能力方面差距明显。无论专业背景如何，绝大部分驻外记者都具备较高的外语沟通和工作能力。而 43%的国内记者在空降报道时需要翻译帮助完成采访任务。57%的国内记者具备较高语言沟通水平，说明语言能力也是媒体派选空降记者的考虑条件之一。

四、出国经历

出国经历指跨国采访报道之外的其他出国经历，在问卷选项中也分为三类，选项 A“没有其他出国经历”；选项 B“曾经短期出国”；选项 C“在国外较长期学习、工作或生活（半年以上）”。14 名驻外记者中，

1 名记者选择 A，9 名记者选择 B，4 名记者选择 C。60 名国内记者中，5 名选择 A，49 名选择 B，6 名选择 C。统计结果表明没有出国经历的记者在驻外记者中占 7%，国内记者为 8%，占总样本数比例很小且差别不大。短期出国经历者在驻外记者中比例为 64%，国内记者比例为 81%，国内记者短期出国经历比例显著超过驻外记者，占总样本数的绝大多数。具有半年以上出国生活、学习和访问等经历的记者在驻外记者中占 28%，国内记者中占 10%，说明有长期出国经历的记者在总样本数中比例较低，而驻外记者比例高于国内记者。有关出国经历的选项与统计表明，随着经济与行业发展，中国记者因各种原因短期出国成为一种普遍现象，较长期出国的驻外记者比国内记者比例更大。

五、报道类别

报道类别针对目前中国媒体进行跨国报道的几种情况，第一种为任期内长驻国外的驻外型空降任务；第二种为单位派出报道重大国际新闻，无论事件是否涉华都会派出记者采访；第三种为单位派出采访涉华重大新闻；第四种为在国内远距完成跨国采访。驻外记者均为第一种类别；国内记者中 34 名记者选择第二种情况，占样本总数的 56%，24 名记者选择第三种情况，占 40%，2 名记者选择第四种情况，占 3%。结果表明在派出记者进行跨国报道的媒体中，超过一半媒体在报道选题上会包括非涉华重大国际事件，约 4 成媒体只在新闻事件具有本土相关性的前提下才派出空降记者，极少数媒体仅尝试通过远距方式进行跨国报道。上述结果说明虽然涉华因素仍然是重要指标，但并非媒体派出记者跨国报道的唯一考量因素，越来越多中国媒体开始参与无直接本土相关性的国际新闻报道。

六、相关培训

空降记者出国前是否接受相关培训分为下列可多选选项：A 没有任何相关培训；B 单位对所有记者进行常规出国采访报道培训；C 单位对

派出记者进行简单注意事项告知；D 单位对派出记者进行体系完整的跨国采访培训；E 单位对派出记者在语言和跨文化交流方面进行专门培训。14 名驻外记者中，2 名选择 A，4 名选择 B，5 名选择 C，5 名选择 D，5 名选择 E。根据统计数据，在派驻驻外记者的媒体中，仅有 2 家媒体没有提供任何相关培训，85%的媒体机构都有不同形式的跨国报道相关培训。其中 28%的媒体提供针对所有记者的常规跨国采访培训，35%的培训仅进行简单事项知会，例如与安全、政策等相关的常识；25%的媒体提供体系完整的跨国报道培训，25%在培训中还会涉及有关语言和文化交流，这种媒体主要是有派驻驻外记者传统的国家级媒体。而 60 名国内记者中，33 名选择 A，6 名选择 B，21 名选择 C，6 名选择 D，2 名选择 E。根据结果，超过一半媒体没有提供任何相关培训，接近一半媒体只对记者进行简单事项告知，仅有 10%的媒体提供系统或常规出国报道培训，仅 2 家媒体提供语言和跨文化交流专项培训。在培训方面，驻外记者与国内空降记者差距明显，驻外记者接受培训的比例与体系完整性远超国内记者，国内记者的相关培训严重缺乏。

上述统计结果及特征说明，与长期驻外记者相比，临时派到海外新闻现场报道的记者们在语言能力、相关培训、报道经验与资源等方面都比较缺乏，但对特定领域的报道经验与能力则更加丰富和突出。随着中国媒体“走出去”的步伐加快，会有越来越多的国内记者参与跨国报道的新闻实践。

第二章 跨国跨文化报道的生产问题与困境

在全球各国的新闻现场，中国媒体的记者们会遭遇什么样的困境？派出空降记者报道国际新闻这种模式存在哪些问题？本章在问卷调查、深度访谈、文本分析、文献研究基础上，通过案例与比较的方式，探讨中国媒体在跨国跨文化报道和生产过程中的困境与问题，将之归纳为如下六种类型：

第一节 “观光客记者”的挫败

一、CPJ007 号受访记者的经历

CPJ007 号受访记者在一家财经媒体工作，本科学新闻，毕业 2 年多，平时报道银行、保险行业的新闻，马航事件以前没有出国报道经历。马航事件发生后，他向所在媒体提交采访申请被批准并“空降”到吉隆坡，去的时候这事已有一段时间，该报道的新闻点都报道过了，感觉茫然没有头绪，不知道该从什么角度、方向去挖掘。尝试跟编辑商量，但帮助不大。大家都有些倦怠，找不到核心新闻点。想过要去采访机长，但发现根本接近不了。想采访马方家属，找过两个都被对方拒绝。找中国领事馆，早就听同事说帮助不大，找当地华人也要看身份，后来也没有很重要的消息。天天都在看当地报纸，英文和华文报纸都看，对马来的政治和党派斗争也不太了解，对牵涉到专业技术的飞机信

号搞不懂，这几方面要做深入都很难。电视记者只要拍到画面就可以，但报纸得有原创和深度，更加困难。在报道期间碰到很多国内、国际同行，感觉内地有些同行比较懒惰，都等着别人先搞再看二手资料，香港和国外媒体记者更加专业和敬业。实在没什么可做，就设想把角度转向“事后影响”，探讨马航事件对马来西亚政治与社会的影响。对这次马航报道，深刻感受到海外报道的最大问题是没有头绪，不知道从何入手打开局面。因为国内报道就算不认识人，也知道怎么去找人，怎么都不会发怵，但国外报道两眼一抹黑，到了以后忽然发现国内适用的国外不行，不知道该怎么办好。就算语言没问题，路径还是非常困惑，对第一次出国的采访经历觉得非常挫败。这次跨国采访该记者最后发出两篇报道，一篇单独署名的报道《最后的“握手”：如何研判 MH370 坠落轨迹?》，主要从技术科普的角度介绍卫星接收的马航轨迹信号，信息来源为马来西亚政府新闻发布会以及本地电视台。另外一篇与派到其他搜救地点的同事合作，在其中一部分报道马来西亚发布的相关搜救进展情况，新闻信息源也仅为马方新闻发布会。

记者 CPJ007 的经历揭示了中国媒体派到海外采访的记者群体之典型问题：年轻、国际报道经验不足、外语能力欠缺、资源关系缺乏、突破能力有限、敬业程度不一等。这些问题可归因为两类因素：“空降”海外这种报道模式导致国际报道经验不足、资源关系缺乏。CPJ007 记者在国内固定条线工作两年多以后，才申请到第一次出国采访的机会，此前并无任何跨国报道经验，虽然去过吉隆坡旅行，但并未建立起稳定的报道资源与关系。第二类因素则是记者个体因素，在 CPJ007 的案例中，外语能力欠缺并不显著，但到了国外四顾茫然，打不开局面找不到方向，在异域环境中存在信息突破能力问题。他感受到香港与国外媒体的记者更加专业和敬业，而部分内地记者找不到信息就坐等别人的成果，则是一些中国内地记者专业能力与职业素养的问题。

二、空降记者的典型问题

（一）外语水平

跨国采访对外语水平要求更高，尤其是使用英语进行沟通与采访的能力。虽然空降记者个体的外语水平差异较大，但总体而言驻外记者与空降记者在外语沟通能力方面差距较为显著。根据问卷统计结果，大部分驻外记者具备较高的外语沟通和工作能力，而超过4成国内记者仍需翻译才能完成采访任务。在报道过程中可能碰到的问题与困难调查中，问卷中列出以下可多选选项：A语言能力欠缺导致各种问题；B对报道国制度、文化和社会习俗不熟悉；C难以在截稿时间内找到足够人脉、线索和消息来源；D和国内编辑想法不一致；E经费、时间和技术支持方面的问题；F工作碰到阻挠，与当地人或机构发生冲突；G报道国与中国外交关系影响报道立场和框架；H请补充其他问题。空降记者们的问题显著性排序依次为：C、E、A、B、D、G、F。即语言问题给空降记者造成的困难位处第三，驻外记者的困难显著性排序为C、D、E、G、B、A、F、H，语言问题并非显著问题，统计结果说明：空降记者在外语沟通能力方面与驻外记者仍有差距。

记者依赖翻译采访容易产生如下问题：翻译过程耗费采访时间、翻译环节影响采访效果、翻译误差影响报道质量。受访记者CPJ003就此谈到：

> 那次翻译是对方聘请的专职翻译，可是翻译不给力，不仅是行业术语不熟悉的问题，而且采访时要和采访对象的实时交流最有效，对方说的话，我一边听一边思考，很可能我进一步提问的地方就是一个很小很小的细节。但如果要经过翻译，这个实时的沟通环节就断裂了，翻译可能是把对方意思总结归纳一下来讲，但他省掉的细节，很可能就是记者觉得有价值的问

题。另外我们好不容易才争取到的采访时间本来就很有限，翻译一来一去就耽误一半去了，采访往往不能尽兴。

然而，由于许多空降记者必须借助翻译才能完成采访，语言导致的沟通问题成为空降记者面临的困境之一，影响海外采访报道的质量。

（二）经验与资源

空降记者缺乏跨国报道经验，突然外派到陌生国度，开展工作的套路完全不熟，经验和资源成为困难和考验之一。CPJ030 号受访记者对第一次跨国采访时的茫然记忆犹新：

我和一名摄影记者一起到尼泊尔，当时第一次出国采访，没请翻译，语言也有些问题，感觉很茫然，原来计划找的人找不到，最后是中国大使馆帮了不少忙才联系到一些人。

CPJ020 号受访记者则因为第一次跨国采访的挫败怀疑自己的专业能力：

我第一次跨国采访是去乌克兰和波兰报道欧洲杯足球赛，去前也找资料，但发现关于这两国的很少，就这么硬着头皮去了，我们是没有注册持证的记者，官方采访很难联系到，也采访不到真正核心的人，不知道该怎么去突破，只能随机街头采访，交流都很肤浅，发稿跟体育关系也不大，回来觉得特别挫败。

经验与资源需要长期积累，与驻外记者相比，这成为空降记者的“硬伤”，记者们对此并不讳言：

短期出国采访的记者对报道国的了解体验不够深入是一个无法回避的问题，培养一群有丰富国外采访经验的记者需要一个过程。（问卷 4—某省级电视台记者）

硬伤，没法改变，长期驻外记者人脉广，资源多，罗马不是一天建成的。（问卷 8—某省级电视台记者）

无论是对新闻背景的理解，国情的理解以及当地资源的积累，短期出国采访记者必然不及长期驻外记者。（问卷 24—某财经类报纸记者）

（三）专业能力

突破能力对于跨国报道尤其重要，在这次马航报道中，中国记者难以突破困境，找不到核心信息，专业能力成为被质疑的问题之一。

马航事件中，中国媒体表现“疲软”的背后，既有“不知向何处挖”的混乱，又有“挖不到信息”的尴尬，中国媒体的情报搜集和分析能力有待改进，这值得反思。①

中国的记者们除了在微博上点点蜡烛煽煽情之外，便也只能如狗仔队一般去围着丽都饭店打转了。②

跨国报道是多国记者同台竞技的现场，记者专业能力的差异，常在对比后更加清晰，在问卷和访谈中，许多中国记者承认在专业性方面与部分国际媒体记者还有差距。

国内真正专业的媒体屈指可数，大部分外国记者做事的方

① 《马航事件报道中国媒体表现疲软》，《京华时报》2014 年 4 月 8 日。

② 《从马航报道看中国媒体表现：实力决定态度》，《环球网》2014 年 3 月 18 日，见 http：//opinion. huanqiu. com/opinion _ world/2014—03/4912754. html。

式和效果可以很清晰地告诉我们，什么叫专业。（问卷2—某国家级通讯社记者）

我觉得外国记者普遍比较专业，做事认真，快速反应能力很强。国内记者特别是电视记者，与国外记者差得太多了。（问卷6—某省级电视台记者）

外国记者在采访中普遍比中国记者更加专业、专注、严谨、分工也更明确。（问卷10—某省级电视台记者）

在资源掌握、积累、报道技术和手段等方面，中国记者和国外同行之间的差距还是挺大的。（问卷15—某都市报记者）

专业性比不上外国记者，中国记者都相对年轻，阅历较浅，敬业程度也不够，所以有时候报道做得不扎实，求证程度不够。（问卷28—某财经类报纸记者）

外国记者在专业性和专业分工方面的素养要更强一些，尤其在重大突发性事件报道中，外国记者在采访、拍照等方面明显更有章法和经验。（问卷68—某国家级电台驻外记者）

（四）敬业程度

敬业程度在中外记者之间、中国记者之间均存在差异。CPJ007号受访记者在吉隆坡报道过程中感觉港台记者与国外记者更加敬业，部分内地同行就在宾馆等着别人的二手资料。对国外记者的敬业程度，其他记者也有类似体会：

外国记者在业务能力及素养上比中国记者高很多，也敬业很多。（问卷14—某都市报记者）

专业性上差距很大，职业操守上更是有差距。（问卷65—某财经类报纸驻外记者）

国内记者敬业程度不一，部分国内记者缺乏敬业精神，同行之间也有对比：

> 目前国内绝大多数媒体都没有长期驻外记者，只是在重要新闻发生时临时把记者派出去，导致很多媒体的记者去国外采访变成了到此一游，或者只能围绕着在外国的中国人做文章，采写一些新闻价值比较低的文章，只是体现所在媒体的在场感，对于有新闻追求的记者来说，这是很痛苦的。（问卷13—某都市报娱乐新闻记者）

CPJ018号受访记者批评部分中国记者一开始就将华人圈子作为主要信源渠道："我们很多出去的记者，语言不行，去了主要就在华人圈子里采访，或者翻译下外电，回来就成了一篇稿子。"在跨国报道碰到困难时，通过编译整合二手资料的方式，炮制出一篇本可以在国内编辑室完成的报道，交差混日子，这类缺乏敬业精神的空降记者，被同行们称为国际报道中的"宾馆编辑"。

有学者指出，随着新闻全球化和媒介技术的发展，驻外记者的重要性减弱，新型的"观光客"记者出现在跨国跨文化报道的领域，这些记者比"空降记者"的赴任时间更短，他们飞抵现场，大部分时间住在干净卫生装备很好的酒店里，通过卫星和无线通讯技术发回报道后再去另外新闻现场①。从现实情况来看，许多空降记者就是这种"观光客记者"，CPJ007号受访记者的经历，代表了许多"观光客"记者的问题与挫败。

---

① P. 埃里克·劳：《海外报道》转引自阿诺德·S. 戴比尔，约翰·C. 梅里尔主编：《全球新闻事业：重大议题与传媒体制》，华夏出版社2010年版，第143—163页。

第二节　异邦的“距离”：不易到达的现场

一、CPJ006 号受访记者的经历

CPJ006 号受访记者在一家电视媒体工作，以前学国际关系，后为一档国际新闻及评论节目的记者，该节目主要关注时政、外交和军事新闻。这次到一个非英语国家采访，四人同行，两个编辑，一个摄像，一个海事技术传输人员。出发前找旅行社订机票，托熟人找关系请该国领事馆出具邀请函，托熟人的熟人在该国找了一位懂英语但不懂中文的翻译。乘坐土耳其航空，差点不让携带海事传输设备，费了一番周折才通行，要是设备上不了飞机，这趟出差就废了，电视画面传输必须要靠这设备。刚到达该国机场，一行人就被海关扣下，对方是军人，不会说英语，完全无法交流。当时看到好多外国人都被扣留在一个房间里，不知道为什么。后来来了东方卫视的两个记者，也被扣了，但他们单位提前准备了两份采访证明，一份英文，一份该国文字，加上转机时间紧迫，就被放行了。大家想到与外界联系，才发现出发前都忘记去开通国际漫游，电话打不了，机场的 WIFI 要收费，联系不上外界。几小时后，来了一位女军官，记者用英语尝试和她沟通，表明我方签证齐全，如果还不放人就投诉到中国领事馆，经过沟通后被放行，没有任何交代，这一下耽误了三个小时。后来将此事告知聘用的该国翻译，翻译解释扣留就是要讹钱，这类事情在该国很普遍。来之前不知道这“潜规则”，以前只知道一些国家常常要靠钱解决问题，没想到这里也是。

安顿后终于开始采访，带着该国翻译采访了一天就出现问题，她用当地语言跟采访对象交流，记者只能用英语跟她交流，几种语言转换来去，采访很不顺畅。恰好同行技术人员使用微信摇一摇的功能，联系到周围一些华人，由他们推荐了一位当地《华商报》记者，在读博士，也帮新华社做过翻译，收费挺高，最后谈到 200 美金一天。后来采访中发

现该翻译作用很大，不仅是翻译，还充当了采访助理。他认识很多人，提供报道建议，联系采访对象，还告知当地制度与社会潜规则。后面又有几次遇到警察拦路的情况，都是他出面解决。从他那里得知该国腐败现状，以及对中国人的种种为难。该翻译自己就有穿睡衣到楼下倒垃圾被警察抓走，然后朋友交钱赎人的经历，对方还告诫他随时要带护照。后来的采访过程比较小心还算顺利，但截稿时间和采访地时差导致前方工作时间特别紧张，压力很大。另外借来的设备插口不对，以至于只有一台机器拍摄，影响了画面效果。总之，完成这次跨国报道可以用问题迭出来形容。

二、海外报道的障碍

CPJ006号受访记者的国际报道经历呈现了奔赴另外一个国家报道新闻可能遇到的种种障碍：现实的阻隔、人为的障碍、到达以后的路径迷失。海外报道的新闻现场不易抵达，还有可能仅仅到达了地理意义上的新闻“现场”。

（一）到达地理现场的障碍

即使地理意义上的现场，常常要遭遇现实与人为的双重阻隔。到达国际报道现场的障碍包括地理的距离、交通的艰辛、局势的混乱、制度的限制、各种正式或非正式的人为阻碍。

CPJ017号受访记者的经历对国际报道抵达现场的难度做出生动注解：

> 2011年10月去中老边境金三角地区报道中国船员遇害事件，决定走水路去一趟新闻现场。当时中国方面的船已全部封锁在港口不能出行，于是按照旅游攻略上的指引，通过中介雇了去老挝的快船，开始以为是有玻璃的那种船，到了才发现就是一艘最简单的独木舟，发动都是靠个煤气罐，船夫还不会英

文，又没有救生衣，水流湍急，非常危险。可是上去后也就去了，把手机等东西装到塑料袋里面，怕万一落水还有手机可以跟外界联系。危险还不止这个，中间还被船主卖了猪仔（转给其他船），又上了条类似的小船。最终经过8个多小时，中间也没吃饭，筋疲力尽地到达了老挝。

CPJ033号受访记者到冲突地区采访的艰难说明现实与人为障碍常常相伴而行：

我们从黎巴嫩首都贝鲁特的一条翻山公路，经过三个小时到达叙利亚首都大马士革。当时中部地区的冲突已经非常厉害，没有人愿意进入叙利亚，我们采用的是公共交通，在进入边检站的时候被从车上扔了下来呆了4—5个小时。考虑到以记者的身份进不去叙利亚，我们是以游客的身份去的，被盘查了几个小时才放行。从入住大马士革当天到最后离开，一直有人进入我们的房间翻我们的行李。有一些人主动来跟我们接触，打听我们下一步的参观游览计划。最后，有人（身份不清楚）给我们安排了一辆车，我们当时无依无靠也只能借助相对可信任的人，慢慢的进入了霍姆斯。当时可以感觉到政府与反对派的枪林弹雨都是擦着宾馆的窗户过去的，曾一度以为自己会不会就死在那里。霍姆斯晚上一过6点街上空无一人，我们入住的宾馆几乎没有住客，这一趟基本上对当地的地理状况、交通状况等一系列问题有了最直观、最基本的认识。我们第二次是跟着反政府武装进入的叙利亚，当时一度有十几个国外记者出事，不管怎样，对于记者来说，进到现场是第一步的。

当各国记者都奔赴国际新闻现场时，中国记者常比其他外国记者多了一些额外阻碍，例如签证问题。目前中国记者前往全球许多地区都需获取签证，免签国家有限。驻外记者和国家级媒体空降记者一般持公务护照申请采访签证，大部分其他媒体记者持因私护照，申请的签证种类多为旅行或商务签证，这两种签证类型被视为在目前制度限制下最方便快捷的方式。申请签证不仅拖延了采访突发事件的宝贵时间，还常因为某些国家申请程序复杂或费用过高而导致采访报道计划的搁置或变化。CPJ011号受访记者谈到一次采访任务原本计划去中亚某国，结果发现：

> 该国签证比美国签证难数倍，针对中国的签证不仅审批手续烦琐，价格还特别高，光找中介办签证都要预算一万元。最后没办法只好改成了韩国。

CPJ016号受访记者也对采访计划因签证问题受阻深感无奈：

> 2011年我们去采访缅甸泰国地震，但当时缅甸军政府已经封锁震区，签证很麻烦，旅行社的人建议从泰国跟团旅游办落地签证是最快的。到了泰国又奔赴泰缅边境的一个特区，在那里遇到新华社的记者也是同样的原因进不了震区，最后大家都只能在边境转了转，没能进到计划采访的震区。

该记者还特意在其新闻报道中反映了这种困难：

> 记者尝试办理手续前往靠近震中，立即被缅甸工作人员以安全理由驳回。记者随后前往大其力城边境地区，可在距离缅甸边境5公里处就被第一道检查站拦下。据泰国海关工作人员透露，昨日上午所有泰国媒体的入境申请被拒绝。据了解，国内其他媒体同行在城内拍摄时曾被人制止和劝退。记者在泰缅边境看到，泰国新闻媒体的直播车也只能停在边境口岸进行直播，无法进入缅甸。（《震中封锁　记者受阻》广州日报，

2011.03.27）

到达地理意义上的跨国报道现场需要克服种种阻碍，到达现场后的其他困难常使记者的采访难以深入，有些情况下甚至只能止于到达现场。

（二）进入“去语境化”现场的迷失

CPJ007 号受访记者在反思马航报道的挫败时指出，国际报道最困难之处是“没有头绪，不知道从何入手。国内报道就算不认识人，也知道怎么去找人的惯例，就算语言没问题，路径还是非常困惑。”与驻外记者不同，空降记者没有所在国的生活经验与关系资源，被“空投”到一个完全陌生的国家，对其语言、文化、制度与社会惯例没有深入体验与认识，却要在截稿压力的短时期内完成任务，这些中国记者到达的是一个“去语境化”的现场。正如 CPJ007 号记者所言，脱离了熟悉的语境，到达地理意义上的现场，就算沟通没有问题，还是容易产生“路径”的困惑，一旦通过常规采访报道方式难以推进，信息突破遇到困难，就不知道在陌生语境下，哪些路径、哪种办法可以采用。经验、资源、关系的缺乏，沟通能力的不足，截稿日期的压力，共同加剧了这种“迷失”，导致部分记者只到达了现场，没能在国际报道这种“去语境化”的现场找到突破的有效路径，最终让批评者感叹：“中外媒体的对比告诉我们：仅仅“到达”，仍然不是“媒体的力量”本身。”①

在有关采访困难的问卷中，空降记者与驻外记者的选择差异，也证实了对报道国的不熟悉给空降记者造成的压力。问卷中列出以下多选选项：A 语言能力欠缺导致各种问题；B 对报道国制度、文化和社会习俗不熟悉；C 难以在截稿时间内找到足够人脉、线索和消息来源；D 和国内编辑想法不一致；E 经费、时间和技术支持方面的问题；F 工作碰到

① 马少华：《无法到达的新闻现场》，2014 年 3 月 18 日，见 http：//dajia.qq.com/blog/338631007998481.html。

阻挠，与当地人或机构发生冲突；G 报道国与中国外交关系影响报道立场和框架；H 请补充其他问题。统计结果显示，寻找线索和消息来源成为两类记者的首要困难；经费、时间和技术问题成为次要的共同问题；对报道国不熟悉给空降记者造成的困难位列第四，但对驻外记者不属于突出问题，因为驻外记者较长期时间在国外生活，对报道国及周边地区更为了解。

当克服障碍到达新闻现场以后，空降记者较之于驻外记者，还有突破“去语境化”现场的困难。在信息制度相对规范的情境下，当报道难度较小，这种困难的影响也较小。在制度规范相对欠缺的社会中，当报道难以推进，语境迷失就会成为空降记者面对的一大困境。因此，国际报道的现场，无论是地理意义上现实到达的难度，还是“去语境化”形成的突破困境，都阻隔着记者与新闻现场的距离，导致采访报道难以成功。

第三节　新闻生产的国内化偏向

一、CPJ011 号受访记者的经历

CPJ011 号受访记者在一家地方党报负责要闻与国际新闻，不时策划跨国报道选题。时值国家主席出访邻国，于是策划了一个以睦邻友好外交为主题的跨国报道方案，配合国家外交活动。本来策划是沿着出访路线，采访俄罗斯、印度、哈萨克斯坦和泰国四国，后因哈萨克斯坦的签证审批烦琐，价格较高，只好换了韩国。策划方案做好以后就去找广告部，跟广告部的人一起拿方案给企业看，企业一般都愿意赞助此类国际报道，同意资助，搞定经费后申请报社获批，自己搞好签证就出发采访。在俄罗斯采访到一些华商，谈到在该国经商的一些困境，但这次采访的框架是睦邻友好关系，所以从这个角度报道不太合适。可是华商境遇又是不能回避的话题，于是该记者采取的办法是选择一个处境较好的

华商为代表，去谈如何在俄罗斯更适应和融入当地社会与经营生意，转而从建设性的角度去涉及这个问题。在党报工作，导向框架比较明确，记者会尝试在框架允许，新闻能见报、能生存的前提下，尽量呈现一些事实性的东西。

CPJ011号受访记者的经历代表了海外报道的第三类问题：国际报道生产的国内化偏向。国际新闻的国内化倾向是国际新闻研究的热点问题，在绪论的研究述评部分已详述相关研究发现，主要结论为：国际新闻"国内化"是较为普遍的现象，编辑记者在处理国际新闻时都带着"本土眼镜"，国际报道的内容是本土眼镜过滤后的结果。对中国媒体国际新闻"本土化"较新的研究就通过比较1989—2009这20年间中国地方报纸的国际新闻变化，探讨球土化时代本土媒体与全球事件之间的互动关系，考察地方媒体如何在宣传逻辑和市场逻辑中去呈现国际事件的本土视野。该研究认为，虽然全球化使国际新闻更加中立，地方媒体国际视野更加宽广，但这些变化并不能给予地方媒体在国际新闻方面的完全自主权，国际新闻还是在宣传与国家框架下生产①。

CPJ011号受访记者的经历是对这种研究发现的一种例证，国际新闻的国内化偏向体现在跨国报道的各个环节，包括报道选题的国内化（配合外交活动）、报道角度的国内化（华商现状）、新闻采集的国内化（涉华信源）、内容呈现的国内化（友好关系框架）。该受访记者在上述采访后刊发的报道从内容呈现角度为这种国内化偏向提供了佐证。俄罗斯之行的报道主题包括：中国商人如何在莫斯科扎根、广货在俄罗斯的贸易情况、俄罗斯人如何看待中国、参加广交会的俄罗斯公司，以及中俄两国外交发展与友好关系。报道中呈现的采访信源为俄罗斯的中国商人、华人工商联副会长、粤港集团俄罗斯分公司副总、俄罗斯孔子学院

① Song Y., Chang T. K., "The news and local production of the global: Regional press revisited in post - WTO China", *International Communication Gazette.*, Vol. 75, No. 7, 2013, pp 619—635.

教师、莫斯科国关学院学者，以及部分俄罗斯商人与对华贸易公司。虽然在报道中也提到了中国商人在俄罗斯边境贸易的艰难，但报道角度遵循了友好关系框架，其中报道综合评论环节的叙述与立场最能突显这种报道倾向：

> 应该看到，中俄关系达到今日之高度，有坚实的基础。同时我们也应该看到，当前两国关系仍存在着边境贸易不畅、贸易模式单一等制约因素。要实现两国关系长期稳定健康发展，需要未雨绸缪，用心经营。展望未来，习主席在莫斯科国际关系学院演讲时引用了一句俄罗斯谚语："大船必能远航。"又引用了一句中国古诗："长风破浪会有时，直挂云帆济沧海。"我们有理由相信，在两国政府和人民共同努力下，中俄关系一定能够继续乘风破浪、扬帆远航！(《中国梦·睦邻策——走读周边外交·俄罗斯上篇》，南方日报，2013.12.26)

二、国际报道生产的国内化偏向

（一）报道选题的国内化

中国媒体派出记者跨国采访报道的类型主要包括：重大突发国际新闻、常规重要国际新闻、策划选题、受邀采访或合作报道。第一类重大突发国际新闻一般细分为两种事件，一种是涉华事件，另一种为非涉华重大突发新闻，多为天灾人祸等灾难性新闻。第二类常规重要国际新闻议题广泛，动乱、冲突、战争、国际会议、体育赛事、文化盛典、娱乐盛会，涵盖政治、经济、文化、体育、娱乐等各领域。第三类策划类选题最大程度体现了不同媒体国际报道的自主性和差异性，新闻机构依据不同的议程需求策划国际报道的选题。第四类受邀报道或合作报道是指国内媒体受到国内外媒体组织、政府或使领馆、公关公司或企业、非政府或非营利性组织等邀请进行国际报道，部分或完全接受对方资助，按照对方安排或对方协助进行国际报道。

根据问卷统计，对于重大突发国际新闻，约4成媒体只在新闻事件具有涉华相关性时才会派出空降记者。以马航失联的报道为典型，这次事件中乘客绝大多数是中国公民，因此全国多家媒体派出记者到相关国家进行报道。常规重要国际新闻是否具有涉华相关性，也是媒体派出空降记者进行报道的重要考量因素之一。例如，诺贝尔奖颁奖属于常规重大国际新闻议题，但某市党报第一次派空降记者到瑞典颁奖现场采访是考虑到中国作家莫言获得诺贝尔文学奖（受访记者 CPJ017）。又如，几大著名国际电影节属于娱乐新闻的常规重要新闻范畴，是否派出记者除预算因素外，中国电影或演员获得提名也是重要指标（受访记者 CPJ029）。

一些受邀或合作型跨国报道的涉华相关性或针对诉求更是重要特征，正是因为与中国的相关性，邀请方才会资助或联系中国媒体合作进行报道。受邀或合作报道的相关性分为不同类别，基于对政治、经济或文化的不同推广需求，例如：

> 一个国家航空公司或银行请你去采访，未必一定要你去写企业本身，而是有民间外交的目的，希望你去写该国的经济环境和外来投资情况，希望吸引更多中国投资。非盟委托南非大学邀请记者报道非洲，德国邀请记者参与涉及能源题材的培训和采访，都有自己的诉求。（受访记者 CPJ031）

同样，一些国家的旅游局邀请不同中国媒体赴该国报道，主要目的在于宣传当地的人文特色与旅游资源，吸引更多中国游客前往。（据多位访谈对象）一些非政府组织或基金会提供的采访资助，也有各自针对中国的具体诉求，例如，一些致力于环保的国际非政府组织邀请中国跑环保条线的记者采访国际性环保会议或活动，旨在通过媒体报道推动中国社会的环保意识与进程。（受访记者 CPJ035）综上所述，四大类别的国际报道选题，都具有不同程度的国内化特征与本土相关性。

（二）报道角度的国内化

涉华新闻事件或策划选题的报道内容都反映本土相关性，涉华因素均为采访和报道的角度与重点。例如，对于在墨西哥坎昆举行的联合国气候大会，除了对大会议程议题的采写，CPJ014 号受访记者将报道重点放在本省代表团的活动安排方面，以体现全球公共议题报道的本地相关性。该记者专访了广东省发改委能源与气候处处长，采访和报道问题都与本省气候相关："气候变化对广东最突出的影响体现在什么方面？广东对此有什么具体的应对举措？广东在发展低碳经济过程中面临哪些挑战？"（《气候变化加剧广东深受其害》，新快报，2010.12.7）又如，某市级党报派出空降记者到土耳其采访该国举办的国际家纺展，报道思路为中国及本省相关的纺织业议题，到达后发现中国被批准到会的参展商家只有一家，该记者开始调查原因并由此深入挖掘中、土两国家纺行业的历史、冲突与发展现状，并在报道中将此角度作为报道重点。（CPJ016 号受访记者）

问卷调查显示约 6 成媒体会派出记者报道无明显涉华因素的新闻事件，包括重大突发性国际新闻事件与部分常规重要国际新闻，例如突发事件中的战争、冲突、恐怖袭击事件、灾难和事故，常规重要国际新闻中的公共卫生事件、政治选举、大型赛事等类型。对于无明显涉华因素的新闻事件，寻找和建构与中国或本地受众的相关性贯穿于记者采访策划、编辑思路与写稿角度的过程中。例如，2014 年巴西举办足球世界杯赛，中国队没有入围，但中国媒体组成 100 多人的采访团前往巴西进行报道。这些记者中能进入赛场的持证记者不多。某省级党报派出两名记者，其中一名持证，报道前的策划方案是持证记者报道赛事，无证记者主要采访风土人情。两名记者除了关注巴西本地的人文风土，还寻找与中国相关的角度，采访了一名在巴西国家乒乓球队的广西姑娘，一位在巴西开武馆的传奇华裔，以及一系列当地华人及商会。（CPJ025 号受访记者）在巴西开武馆的华人还成为另外一名空降记者，CPJ020 号受访记者在世界杯报道中的“中国角度”故事题材：

功夫和足球，在周星驰的电影里被结合了起来，但在现实中却很难。到巴西华人师傅伍立华位于累西腓的武馆里学艺的巴西青年，都不是足球爱好者。伍师傅来自香港，辗转过巴西、阿根廷、巴拉圭和加拿大等美洲国家，做过厨师、木工、批发等工作，最后选择了“最不赚钱”的武馆生意。这家武馆最初由当地的华商会牵头，但生意并不好，巴西主要的中国武馆集中在圣保罗，最后商会撤资了，伍师傅自己坚持着经营下来。这些年的游历中，他拜了不少师傅，学习了不少拳种，但要在巴西教授学生，还需要一点变化。世界杯？在这个把墙壁漆成红色的洋溢着中国风的武馆里，静悄悄地没有留下什么痕迹。（《华人武馆有洋弟子身影，没世界杯痕迹　中国功夫跻身巴西足球热土》，南方都市报，2014.06.20）

又如，诺贝尔奖颁奖属于常规重大国际新闻，但除莫言获奖外，其他诺贝尔奖并无直接中国因素，CPJ017 号受访记者在采访报道中体现该选题的本土相关性。她在出发前查找每一位获奖得主跟中国的关系，并在采访中体现这种关联，在相关对话报道中，她对诺贝尔奖得主们的“中国相关”问题包括：“您对中国楼市、股票市场的走势怎样看？我知道您有一个中国妻子，并多次到中国台湾教课。那您的学生中有中国人吗？”（《我最出色的学生来自中国》，广州日报，2013.12.11）“那你到过中国吗？你喜欢中国美食？面条还是其他什么？你对在你研究领域的中国年轻科学家有何评价？中国何时能获得诺奖？”（《中国科学家要避免权威崇拜》，广州日报，2013.12.10）

受邀型或合作型报道，一般意在通过中国媒体进行推广或实现一定诉求，参与受邀或合作报道的空降记者，常需在这类已经安排好主题和行程的采访中寻求涉华相关性作为附加的新闻价值元素。例如，某国一家钢铁公司的中国分公司邀请5家中国媒体赴德采访，行程主要安排参观访问钢铁厂，意图通过媒体报道进一步开拓中国市场。因当时该公司有一个项目在中国推进受阻，这种受邀报道本身新闻性不够，但中国项目受阻一事有一定相关性，增加了新闻价值，记者写稿时就从这个角度入手更好操作。（CPJ003号受访记者）又如，一家省级党报受邀参与报道马来西亚饮食文化，该记者觉得仅仅按照行程安排呈现不同餐厅与美食的报道深度与新意不够，而对当地一名华人拿督，同时也是当地餐饮界巨子的采访则印象深刻，该记者后来反思，如果能从这名华人拿督在马来西亚的创业历程入手，谈的是餐饮文化，折射马来西亚华人的家族兴衰史和饮食文化传承，就更具有相关性和看点，也能更有厚度。（CPJ012号受访记者）

部分策划类选题的报道内容中也含有涉华因素或角度。例如，CPJ001号受访记者所在媒体策划了全球迎千年特刊，采访报道世界各国如何迎接新千年，其中对华人华侨的采访报道成为重要组成部分。又如，CPJ011号受访记者策划了希腊中期选举的选题，对希腊华商状况的呈现也是报道中的必要构成。CPJ028号受访记者策划对印度的系列采访报道，其中重要议题是在印度的中国企业及其生存与发展现状。综上所述，国际报道四种主要类型，报道角度都具有一定程度的本土相关性与国内化特征。

（三）新闻采集的国内化

国际报道获取信息的信源渠道包括新闻涉事或选题关涉各方、第三方信源（政府、专家学者、普通公众等）、涉华信源（中国使领馆、中资企业、华人华侨团体等）、当地媒体报道、其他国际媒体信息、国内同行信息等多种渠道，其中前三种渠道为一手信源，后三种为二手信源。多种渠道获取信息并非易事，大部分受访记者表示，在国际报道的一手信源中，只有涉华信源是相对稳定的信息采集渠道。

新闻当事人或选题关涉各方以及第三方信源都可能因为战事冲突、制度管控、主观意愿或其他不可控因素难以联系。例如，CPJ001 号受访记者被派往英国采访《世界新闻报》窃听门事件和王子婚礼时感到很困难：

> 这两个事件的核心当事人，都不可能接受一家中国地方媒体的采访。本想联系一位研究王室历史传统的专家学者来分析事件，谁知正好碰上复活节假期没找到人，最后只能随机采访一些路人，就报道了一个过程，自己都不满意。还好后来窃听门事件采访到了一些学者和英国媒体监督委员会的人，做了一个深度报道。

CPJ011 号受访记者对联系南欧某国政府采访的难度至今记忆犹新：“我去采访南欧某国中期选举，必须采访政府方面，可该国政府办事效率很低，联系政府层面的采访相当困难，各个部门踢皮球，也不直接拒绝，总拖时间，采访效果肯定不好。”CPJ033 号受访记者则谈到在某东南亚国家采访排华事件时的困难：“我们除了采访中资企业外，也尝试接触该国外商投资管理委员会，但是很困难，要等很久，我们等不起。我们想联系一些学者，他们都不愿意出来说话了。”

当核心当事人和第三方信源均不易接触时，涉华信源就成为主要渠道。事实上，不管前两种信源是否难以获得，部分空降记者总把涉华信源作为最主要渠道。很多记者在前期准备及到达现场后，按照惯例寻求华人社区的帮助，通过中国使领馆、华文媒体、华商团体和留学人员等，不仅寻求生活和语言方面的帮助，也通过这个圈子联系采访对象，或者把华人群体直接作为采访对象和信源渠道，这成为部分中国记者跨国采访的惯例。CPJ009 号受访记者提到俄罗斯华人组织对他们采访的帮助：“我们到了俄罗斯，中国领事馆的人没有时间理会我们，也很难联系到俄罗斯的高层和中层，恰好我们找的翻译是一个中资公司的驻俄代表，通过他和华商会找到不少中国商人来采访。”CPJ017号受访记者至今仍感激一位有影响力的华商对她在缅甸的采访提供了很多帮助：“当时缅甸还是军政府时期，进出不易，邻居介绍认识了一位当地华商，到缅甸后，他把我们各方面都安排得很好，住地、翻译、司机、打点关系、联系采访对象等方面的问题，都解决了。”该记者还提到那次中国各路媒体都希望采访一位政治人物，对方却不愿接受媒体采访，结果一些媒体只好更换主题，转道去采访在缅的华人华商。综上所述，空降记者对涉华信源的依赖也体现了国际报道在新闻采集环节的国内化特征。

从内容呈现角度考察新闻采集，对空降记者报道文本的信源统计发现如下特征：第一，大部分报道都使用涉华信源，包括中国使领馆、中资公司、当地华人、华商和华人社团、华裔学者、中国留学生、孔子学院等，相对较少使用涉华信源的是两位长期负责供职媒体空降报道的记者，在报道他国冲突、战事、灾难等突发国际报道时信源构成更为多样。第二，当地媒体报道、国际媒体报道等二手信源是空降记者报道中的主要来源之一。引用当地媒体消息一般包括当地华文媒体和英文媒体，例如在马航报道中《马来西亚星报》、《海峡时报》、马来西亚当地电视台等成为中国记者的重要信息来源。在报道菲律宾人质案时，《菲律宾星报》、华文《商报》以及当地电视台报道也是记者的主要信息来源。常被引用的国际媒体包括《纽约时报》、《华盛顿邮报》、CNN、路透社、法新社、美联社等。第三，与偶尔进行空降跨国报道的记者相比，两位长期空降记者的报道信息来源更加多样、多元化，更多信息采集来自核心当事人。例如，在对叙利亚冲突的报道中，CPJ033号记者的信息来源包括以色列媒体、叙利亚官方、俄新社、约旦军方、国际智囊、英国媒体、中央党校教授、当地居民、约旦边防军、当地媒体、银行家、通关司机、国内商人、黎巴嫩教授、叙利亚新闻部官员、公民记者、独立媒体人、分析人士、难民、军火商、当地媒体人士、西方各媒体、中东地区媒体等各方信源。对泰国示威的报道中，CPJ030号记者的采集信源包括专访泰国总理阿披实、泰国政治学泰斗、红衫军领导人、在报道中受伤的法国记者、泰国大学教授、非政府组织、泰国华人老报人、曼谷电视台、法新社、外国记者、红衫军队员等。对空降记者报道内容信源的统计分析说明长期空降的“固定”空降记者在新闻采集环节更有机会采访到核心当事人，但大部分空降记者更加依赖涉华信源与二手信源，新闻采集环节同样具有国内化特征。

（四）内容呈现的国内化

写稿阶段的空降记者，常常以一种“本土编辑思维”来呈现跨国报道的内容，他们明确所在媒体的定位与功能，对报道任务有清晰的规划与认识，按照与编辑商定好的报道角度与框架进行内容的取舍与整合。这种“本土编辑思维”与国际新闻“国内化”研究中编辑记者的“本土眼镜”类似，用国内化的滤镜过滤了跨国报道的内容，使之带有国内化和本土化的印记。

> 我们去缅甸做昂山素季的时候，好多中国媒体都去了。我们的想法是从缅甸改革和经济复兴的框架去做，而不去突出昂山作为政治犯这个角度，这个角度对我们这样的党报定位不合适，而且也已经有媒体这么做了。其实后来我自己觉得做得最好的是《纽约客》记者欧逸文的报道，这个记者长期从外国观察，报道呈现了昂山政党派系的复杂，没有那么理想化。(CPJ017 号受访记者)
>
> 我们去土耳其采访国际家纺展，对方是希望宣传土耳其家纺行业的，但我们去前就商定好，要有中国的角度和相关性。去了我们才发现，这次土耳其家纺展是不欢迎中国企业的，获得批准来参加的只有一家杭州公司，还是设计为主的那种公司。后来我们的报道是深挖了土中两国家纺行业的摩擦和现状，从这个角度去写的报道。(CPJ016 号受访记者)

当一些空降记者试图超越这样的“本土编辑思维”，尽可能多维度呈现采访内容时，还会经过责任编辑和部门主任层层把关。国际报道实行编辑负责制，在报道呈现环节，对于试图超越本土编辑思维的报道，编辑会用“本土眼镜”进行过滤，报道内容的最终呈现，很难避免国内化、本土化的框架。

我在工作时当然知道我们媒体的要求，我知道什么样的片子能用，什么用不了。但我还是会尽量多拍，去更完整地记录事件，明知道有些片子发不了，自己留着作为一种纪录也好。(CPJ009 号受访对象)

那次去老挝报道中国船员遇害事件，船员们讲了很多比较血腥的细节，也拿出了很多照片，我知道这些太血腥的东西肯定编辑会动，但我还是写稿时都写进去了，我觉得作为记者，不能因为编辑可能会删，我就不写，如果这样久了，会丧失报道的能力。在国外报道有很多敏感的东西，做记者一定要去尝试和突破，我们也会轮岗做编辑，但做记者时即使有编辑思维，也不会因此而自我审查放弃机会，这是我和我们部门同事的共识，就算有可能被删除，我们还是会尽力去写。(CPJ017 号受访对象)

我写了一篇稿子讲坠机事件背后的博弈，没能发出来，事关外交方面的东西，我也知道，但我写稿的时候是比较少禁忌的，自己的原则还是尽量多方面呈现，意识到问题的复杂性，不被裹挟，抽离出来尽量反应事实。至于把关，还有编辑嘛，记者自己没必要那么多自我限制。(CPJ030 号受访对象)

国际报道是有些东西需要考虑，但不意味着一定不能碰，都可以去尝试和突破，反正后面还有编辑和其他审读。(CPJ016 号受访对象)

问卷与访谈结果显示，试图超越本土编辑思维的空降记者并非主流，大部分记者即使在采访过程中试图突破国内编辑框架，在写稿阶段一般都在“本土眼镜”的过滤下呈现出符合要求的稿件。空降记者国际报道的内容呈现环节，同样具有国内化和本土化的特征，这在对报道文本的分析中也得到佐证。本土化框架首先表现在报道内容的中国视角与关联。在报道诺贝尔奖颁奖典礼时，CPJ017 号记者采访了多位诺奖得主，最终报道呈现都具有一定的中国相关性，例如：

> 化学奖得主与中国颇有渊源。据他的太太、医学博士、出生在马来西亚的广东客家人田东山介绍，布莱恩·卡比尔卡曾经到过上海的同济大学访问。在下一个月 14 日，他们将到访清华大学和中国学者施一公等访谈。对于即将到来的中国行程，布莱恩·卡比尔卡表示非常期待。在他的团队中，也有中国学生和访问学者。他还写下了对中国年轻人的祝语：“找到一个你感兴趣的问题，然后别放弃。”经济学奖得主表示，他的获奖主题“市场设计”、“实验经济学”虽然相关现实生活，但仍在不断完善中，能否用在中国他并不确定。生性活泼、喜欢旅行的罗斯表示他曾到过上海和香港，但很遗憾还没有来过广州。他期待获奖后能有机会来到广州看一下中国的经济发展。（《一起来享受有趣的一晚》，广州日报，2012. 12. 10）

报道视角的本土关联在体育新闻跨国报道的内容中也得到体现。在巴西世界杯报道中，虽然中国足球队没有参加世界杯，但 CPJ020 记者的许多报道都与中国有关。例如，报道前往观赛的中国球迷、华人在巴西开的中华武馆、中国恒大足球队的外援孔卡等。CPJ025 号记者在报道世界杯期间同样也为这位开武馆的华人做了一次专访，将之比喻为巴西的李小龙，详细报道该馆长从香港到巴西开武馆的传奇经历。（《64 岁的巴西中国国术总会会长李荣基被称为“巴西李小龙”推广中国武术

也是在推广国学》，南方日报，2014.07.07）

报道呈现的本土化还表现在空降记者的报道叙事风格、修辞用语、立场框架均需与供职媒体的风格一致。CPJ033号记者在访谈时谈到："我们毕竟是社长负责制，所以报纸的格调、呈现的东西的面貌就被定位在那里。当你在这个氛围里，大部分人会受到影响。"该记者对菲律宾台风的报道，除了对灾难情况的报道之外，还从中、美、菲律宾三国关系角度切入，报道美国对中国救援的批判以及中方和菲方的应对，突显中美舆论对抗的框架，例如：

> 但西方舆论尤其是美国媒体看上去正将国际救灾变成一场地缘政治较量，欢呼美国航母带队高调救灾的同时，不少人拿捐助数额做文章，讥讽中国"小气"、"记仇"、"软实力外交失败"。自相矛盾的是，西方媒体一边说着中国国际救灾能力不足，一边用"美国标准"指责中国表现不够，甚至批评"在国内救灾中表现优异的中国军队不去菲律宾救灾"。菲律宾无论官员和媒体看上去都不想在国家如此痛苦的时刻被西方媒体"劫持"，连日来，几乎没有人拿援助的事情非议中国。（《中国再提派遣医疗队　美媒炒作软实力竞争　菲律宾感谢中国灾后捐助》，环球时报，2013.11.19）

这种突显外交对抗的报道框架与风格在报道中国与菲律宾的领土纷争时再次得到体现：

> 菲律宾在中国南沙仁爱礁上的小动作不断。在就中国海军舰艇、海监船和渔船出现在仁爱礁海域提出"外交抗议"之后，《环球时报》记者通过相关渠道得知，菲律宾海军现在正千方百计为其驻守在仁爱礁坐滩老旧登陆舰上的海军陆战队员进行补给，组织在马尼拉的国际主流媒体前去"采访报道"，

并且打算在本周末新加坡举行的香格里拉对话会上控诉“中国欺负菲律宾”。（《给“驻守”士兵运送补给　邀国际媒体“采访报道”菲律宾千方百计向仁爱礁“输血”》，环球时报，2013.05.30）

3天前，菲总统阿基诺三世宣布斥资18亿美元升级菲军备时说，“我们有能力阻止任何恶势力进入我们的后院”。《菲律宾每日问询者报》称，这番话差不多等于点了中国的名。“菲律宾还有没有可能继续在南海搞投机?”23日，超过9000名网友参与了环球网对这个话题的调查，其中97%的人认为答案是肯定的。在留言中，一个共同的声音是，只有中国强硬维权，才能有效阻止菲律宾在南海继续霸占中国领土。（《总统防长接连对华喊狠话　废弃军舰继续赖在仁爱礁菲在南海紧盯中国舰船》，环球时报，2013.05.24）

除了依据所在媒体整体风格进行编辑，国际报道的内容呈现也需与报道选题规划商定的角度与框架保持一致。CPJ011号受访记者为配合国家主席出访邻国而策划跨国报道，策划报道的框架是睦邻友好外交。实际采访中遭遇的报道国部分官员腐败与华商困境均需在此大框架下报道呈现。CPJ011号记者对供职媒体的“编辑思维”非常熟悉，在这种思维的指导下，后来见报的新闻内容并没有完全遮蔽贸易困境：

应该承认，目前中俄边境贸易中还存在着一些灰色地带，其中最为人所知的就是“灰色清关”了。所谓的“灰色清关”，指的是一些“清关公司”将成批的进口商品以包裹托运的关税形式清关，从而以低于法定水平的关税进入某国市场。它的“好处”是能让货物快速进入市场，降低成本，但由于没有正规的报关单据，所以基本是“一查一个准”。与货物“身份”相对应的是人的“身份”。俄罗斯的劳工签证较难办理，而且需要一年一签。所以有些华商就以旅游签证、商务签证等形式赴俄务工，结果自然也是难以面对俄方检查。

但是报道通过成功实现合法经营和融入当地社会的华商经历来探讨困境的解决方案：

“企业从一开始便与俄罗斯企业合作，做俄罗斯品牌，走‘白色清关’。现在每年基本都保持2亿—3亿元人民币的营业额。”谈及企业的运营，许文虎表示，虽然正规通关成本比较高，但从长远来看，与当地企业合作，走正规经营道路，始终是大势所趋。许文虎的这种想法，与刘凤星不谋而合。除了担任华商会副会长，刘凤星还是符拉迪沃斯托克（海参崴）一家海产品贸易公司的老总。据他介绍，俄罗斯对从事小商品生意的商户从严，对正规公司反而较为宽松，想借此吸引大企业和高层次人才。“对小商户而言，想要保持价格的竞争力，就难以走正常报关的途径，而俄罗斯民众对低价的小商品又有需求，所以俄当局也没法一刀切。但俄罗斯的政策就是这样，从长远来看，还是要求正规化经营，你改变不了它，就得去适应它。当然，阵痛是难免的。”（《中国梦·睦邻策——走读周边外交·俄罗斯下篇》，南方日报，2013.12.26）

通过从建设性地正向角度探讨俄罗斯华商的经营困境与解决之道，使该报道的框架与选题规划的友好睦邻与发展框架保持一致。

对记者的深度访谈与报道内容分析均表明，在本土编辑思维和本土相关性指引下，国际报道的内容呈现环节同样表现出国内化、本土化的倾向性。报道呈现的倾向性在重要国际新闻和策划类选题的报道中比突发国际新闻更加显著。大部分对国际新闻国内化的研究指出，国内化倾向在某些情况下导致报道内容同质化、碎片化，存在内化政府外交议程的偏向，降低了国际新闻的客观性和专业性。新闻选择、采集、生产和呈现各维度的本土化偏向，是国际新闻生产面临的典型问题之一。

第四节 国际报道中的伦理问题

一、CPJ003 号受访记者的经历

CPJ003 号受访记者在一家财经媒体工作，有过三次跨国报道经历。第一次在 2008 年，中东某国经贸局为吸引中国投资，委托一家国际公关公司邀请几家中国媒体去该国采访，主要邀请市场化财经媒体和行业媒体，一切费用由邀请方负担。到该国采访 6 天，采访对象与具体行程邀请方都已经做好安排。记者们主要采访了该国经贸部官员、在该国的中国公司、该国国家证监会等。沿途接待安排很好，翻译也是对方聘请的专职翻译，除了感觉翻译有点不给力，采访过程没有碰到其他困难。回来以后记者写了一篇对该国经贸官员的专访，也发给公关公司看了，对方一般不会改稿，即使提点修改意见，也是要求报道不要出现太明显的公关稿痕迹，希望新闻性更强，因为这样的报道传播效果更好。第二次出国采访是欧洲一家钢铁公司的中国分公司邀请了 5 家中国媒体，主要是财经类媒体，当时该公司一个项目在中国推进受阻，主要目的是为这个项目做公关，同时进一步开拓中国市场。行程也由对方安排好，主要参观访问钢铁厂等。这次回来因为该公司在中国项目受阻一事本就具有新闻价值，写稿时比较好操作。第三次是去北欧两国，受邀于一家钢铁公司，目的跟前面差不多。这次回来后因为事件没有什么新闻性，就写了一篇公司观察稿，类似于记者手记和评论稿之类。对于这类受邀类型的跨国报道，该记者认为实质就是国际报道中的公关稿，主要由其他国家的政府部门或是公司邀请，但对方一般不干涉报道内容，目的是为了开拓中国市场，以及与中国媒体建立长期的良好关系。受到邀请的媒体也将此作为互惠的记者福利，一般都允许记者出行。对于此类公关性

质的稿件，记者会根据实际情况选择最符合新闻规律和供职媒体要求的报道方式。

CPJ003 号受访记者的经历代表了中国记者报道国际新闻中的受邀报道类型。受邀报道是媒体受到国内外其他媒体组织、政府或使领馆、公关公司或企业、非政府或非营利性组织等邀请报道国际新闻，部分或完全接受对方资助，主要按照对方的安排进行采访报道。接受深访的各类型记者都提到这种报道类型，大部分记者认为，虽然接受资助和按照对方安排采访而导致操作空间有限，但通常邀请方并不会干涉报道本身，甚至也没有明确发稿要求。例如，CPJ028 号受访记者谈到："欧洲某国大使馆邀请我们去报道该国的环保情况，经费由对方承担，但不会干预内容设置，不会看稿子，不过我们会和使馆方面进行沟通，了解哪些亮点值得关注。"除了外国政府，一些国际组织也曾邀请记者就特定议题进行跨国采访，例如，"无国界医生"组织为了引起公众对世界贫民窟的关注，邀请中国记者去孟加拉采访，该组织主要只针对数据部分进行核实，没有干涉记者发稿内容。(CPJ010 号受访记者)

二、国际报道的几种伦理问题

中国记者报道国际新闻的伦理问题包括采访中使用争议性手段的问题和受邀采访的伦理问题。对争议性报道手法的问题，调查问卷中提供三种选择，第一种是在任何情况下都符合职业伦理规范，不会采取争议性报道手法；第二种是在国外人生地不熟，为了完成工作有时候会使用争议性报道手法；第三种是只有为了公众利益的目的才可以使用争议性报道手法。问卷结果如下：14 名驻外记者中，全部记者都选择第一种，即任何情况下都不采取争议性报道手段。60 名国内空降记者中，35 名选择第一种，8 名选择第二种，在国外报道为了完成工作有可能使用；19 名记者选择第三种，即使用争议性报道手法的前提是为了公众利益而非完成工作。虽然第一种选择为多数记者的选择，但国内空降记者比驻外记者显示出更多样化的职业伦理观。

调查问卷反映的是记者在脱离具体语境下的选择，深度访谈的情况则表明，在难以预料的跨国采访情境中，空降记者们实际上采用的争议性采访报道手法包括隐瞒身份、隐蔽采访、付费采访、报道给采访对象带来风险、不实内容等等，且这些报道手法的目的较少涉及公众利益，更多是为了完成采访任务。CPJ001 号受访记者曾经在新加坡采访时隐瞒了记者身份："当时是为了体验一下新加坡卖房的流程和服务，我和另外一名记者就扮成购房者去了。"CPJ017 号受访记者谈到采访陷入僵局时不得不采取的办法：

> 当时这位政治人物已经不愿意接受媒体采访了，那么多家中国媒体都在那各显神通，大家都在想办法接近她。我们也用尽了心思，找人托关系，打点各路人马，有一次居然有一个中间联系人暗示他家在盖房子，让我们帮他出钱盖一层，他才会去帮我们找关系，我们只好找别的路子。我们甚至还找到一个跟她相熟的占星师，也只获得了一些外围信息。后来听说最终采访到她的那家媒体，也是先接近她身边的人，并非以记者的身份去和她见面的。

CPJ027 号受访记者谈到隐瞒身份和隐蔽采访的问题："我在马航家属那边一直泡着，那时候他们很反感记者，好几个都被打出去了，我就没说自己是记者，也没乱拍照，没冒犯他们，但有录音，用手机发报道。"CPJ033 号受访记者则是出于安全考虑隐匿记者身份："我们去采访约旦北部叙利亚最大的难民营，那时中国没有非政府组织在那里，也没有提供援助，所以他们对中国是有些不满的，我们出于安全考虑，是以中国民间组织愿意提供一些帮助的名义进去采访的。另外我们在其他冲突地区采访也偷拍过装甲车。隐匿身份和隐蔽拍摄主要都是因为安全考虑。"

通过给采访对象付费的方式交换一些难以获取的资料，也是一些记者在信息突破困难时采取的争议性手段：

> 缅甸那边不许我们进入震区，只好回到边境找泰国在那边的人回来时带回一些照片，那些人答应了，但是要求付费，他们说用相机和偷运照片都有风险，我们也给了，后来用他们的资料是匿名的，怕给他们造成危险。(CPJ016号受访记者)

这些边民被该记者所报道，但没有提及请他们偷拍照片一事：

> 记者昨日下午还在美赛见到了一群刚刚在泰国进货，准备赶回缅甸的缅甸边民。据边民们介绍，灾区桥梁道路受损严重，有桥梁倒塌，道路严重开裂的情况，由于震中附近有很多山村地处山区，导致救援和求援缓慢，当地伤亡情况估计要比政府早前公布的73人死亡要严重。一位来自缅甸景栋的边民表示，道路受损，导致边民前往泰国要采取步行坐车接力的办法，在一些道路严重开裂受损的路段，居民只能步行到下一段路况良好的公路，再搭乘车辆继续前进。(《震中封锁　记者受阻》，广州日报，2011.03.27)

对于国际新闻是否给报道对象带来风险的考虑，问卷中记者们一般都选择会考虑，但在实际采访中这种考虑常常被忽略，CPJ011号受访记者的解释很有代表性："我感觉我们主要都还在考虑完成工作的阶段，没太考虑到报道对象风险和报道责任的问题，因为我们的媒体是给中国受众看的，没有那样的影响力。"然而CPJ011号受访记者却偏偏遇到了意料之外的跨国报道对象风险问题："我们在希腊采访华商，当时他们生意不好做，其中一个做窗帘生意的提到这一点，我在稿子里提到这个人，结果不久人家打来电话，说那边的华商圈子不知道是不是通过网络转载看到这篇报道，以为那个人生意快倒闭了，纷纷去找他要债，他费尽口舌才解释清楚。我自己完全没想到这篇稿子会有这么远和这样的影响，没想到还给人家惹来了麻烦，看来到了中国媒体有全球影响力的那天，还是要考虑跨国报道对采访对象和当地社会的责任啊。”

在这篇引发跨国效果的报道中，该商人只是众多被报道的因希腊债务危机而受到影响的华商之一：

> 希腊华人华侨福建联合总会常务副会长谢作香的展望商行是雅典规模最大的华人家纺商行，但现在也难以为继。“前年一年能走 80 多条柜，去年是 50 多条，今年到现在只有 10 多条，而且还有大量积压。”谢作香告诉记者，以前希腊人一年会换 4 次窗帘，现在能不换就不换，今年 2 月份开始，市场就完全不行了。“以前平时连抽根烟的时间都没有，现在工人都在店里坐着。”更令人担忧的是，他所在的欧摩尼亚区现在时有抢劫发生，还出现了某种程度上的排外苗头。“我们已经在南美的多米尼加选好了店面，货也发过去了，我 10 多天之后就要过去打理了。”谢作香告诉记者，现在整个欧洲的经济形势都不行了，南美相对而言还好些。“本来没有想跑那么远的，但那边的朋友一直说过去看看，结果发现市场还不错，就定下来了。”据介绍，现在多米尼加的华人主要是从事餐饮业，做贸易的只有 10 多家，而做家纺业的根本就没有。而且当地雇工薪水低，每月只需要两三百美元，只相当于希腊的 1/4。“不过雅典这边的店也还会留着，由我小孩来打理，将来再看形势做决定吧”。（《三成华商亏本，数千华人一年内撤离希腊　雅典留守华商“变招”寻出路》，南方日报，2016.06.17）

被采访对象和 CPJ011 号受访记者均没有料到，就是这篇报道，让该采访对象的生意圈子以为他即将破产出走南美，引发了上门讨债风波。

编纂不实报道内容而违背职业伦理的情况曾出现在体育跨国报道中，

> 体育比赛可以进入会场的记者很少，持证记者一般都只给国家级媒体或党报，内地一些记者因为经费短缺不能买票进场，于是就想办法和体育明星照了合照，然后回到酒店通过整合资料搞出一篇假的专访，圈子里的记者一看就知道是假的，我们管这叫“合照专访”，后来那些被合照的明星通过各种渠道知道了，有些还告到中国来，搞得中国体育记者名誉受损。(CPJ020 号受访记者)

体育报道中也出现过付费给采访对象获得采访机会的做法：“一家网络媒体去世界杯，就能真正做球星的专访，那个是要付费的，实际上在国内采访体育明星也常常需要付费，肯定有伦理问题，可就是这样。”(CPJ025 号受访记者)

除了上述争议性采访报道手段的问题，空降记者报道国际新闻的第二类伦理问题是受邀型报道的争议性。访谈情况显示，这种类型的报道比较普遍，无论是国家级媒体还是地方媒体，党媒/机关报还是都市类、市场化媒体，不少都接受过邀请进行跨国采访报道。记者就此种报道是否违背职业伦理的态度分为如下几种：第一种看法认为这种报道的确存在争议，只要邀请方不干涉报道就无伤大雅，甚至在目前跨国报道预算紧张的情况下是一种双赢的做法。第二种看法认为邀请方如果是政府或企业就存在伦理问题，但非营利组织为记者提供奖金或资助的情况问题不大，CPJ018 号受访记者就持这种观点：“我觉得非营利性组织的资助是可以的，尤其是针对媒介的奖金，美国记者也接受这种资助，因为这种资助主要是为了提高报道质量，没有别的诉求。”第三种看法认为不管邀请方是谁，只要接受邀请方的资助就有问题，但实际操作中要视具体情况，在满足一定条件的前提下可能能够合理化。必须满足的前提条件包括：绝不干涉报道内容、报道须标明赞助方、报道是为了公众利益而非满足邀请方诉求（美联社记者问卷、路透社记者问卷和访谈）。第四种看法认为这种报道绝对存在伦理问题，不论怎样操作都是对媒体独立性和可信度的损害。（CPJ008 号受访记者）

第五节　多重因素影响的生存风险

一、海外报道的生存风险

在当前的发展格局下，中国媒体，尤其是地方媒体派出记者报道国际新闻的必然性与必要性毋庸置疑，从经济发展语境来看，国际新闻的市场需求增长；从媒体的制度语境来看，空降记者打破了通讯社对国际新闻的包办，驻外记者、空降记者以及其他国际报道尝试共同构成了中国国际新闻的立体化生产格局，改变了原本单一、同质化的生产模式；从新闻行业发展的语境来看，空降记者加入国际报道领域既源自于行业竞争的需要，又有助于增强国际报道的市场竞争力。可是，这种必然又必要存在的报道模式在发展的同时又面临着风险，影响中国记者跨国报道存在及发展的风险因素包括经营压力和预算限制、制度或政策制约、媒体或负责人导向等，上述变量既可以推动中国记者国际报道的发展，也可能阻碍甚至阻止其生存。

（一）经营压力和预算限制

经营压力和预算限制带来的风险分别渗透到中国记者国际报道的选题、生产和呈现各阶段，国际报道经费预算及额度决定了海外报道的产生与选题；报销制度与额度影响了报道的规模与方式；经济力量的渗透则影响了报道内容的偏向与导向。

大部分中国媒体的国际新闻稿源来自通讯社，自采部分比例较小，经费是否充足在很大程度上决定了记者是否能够成行。目前中国媒体派出记者跨国报道的经费来源主要分为媒体全额负担、邀请方承担和广告冠名赞助等几种方式。一般来说，重大突发国际新闻由媒体全额承担，受邀报道由邀请方承担经费，常规国际新闻和策划选题既有媒体负担，部分为冠名赞助的公司承担，或是其他非冠名的机构或组织承担。海外报道开支较大，媒体预算有限，经费压力对市场化媒体尤为显著，经营状况不佳的媒体大幅度削减跨国报道，而经营状况好的媒体则有可能增加海外报道预算。中国媒体派出记者采访突发类国际新闻的数量与规模，很大程度上取决于媒体自身的经营状况与国际报道预算。

对此，当CPJ024号受访记者提到“台里没有出国采访的预算规划，马航这次我们没去，原来是打算去，后来就是因为经费问题没去成”，仍觉得很遗憾。受邀跨国报道的存在及频次，更是基本取决于是否获得邀请方资助。策划选题情况相对比较复杂，一些重大策划选题为媒体出资，例如“报社去年的重大策划专题是对海外垃圾分类的深度考察，这次由报社出资，预算大概13万左右。”（CPJ019号受访记者）一些选题则需要先用策划方案去找冠名赞助，拉到赞助才能出行，比如“这次报道是我自己策划的方案，我拿着策划方案去找广告部，然后一起去找企业谈，企业一般愿意赞助这类国际报道，找好了我们再跟报社申请，获批后才能成行。”（CPJ011号受访记者）也有一些策划选题不通过冠名赞助，而是主动去申请无需冠名，没有广告诉求的非营利性或其他机构和组织赞助，例如：“我这个选题是偏文化类的，而且有三个采访城市都在德国，我就去找了德国的歌德学院，这个机构本来就是做德国文化推广的，对方表示有兴趣，就赞助了这次选题，还提供了很多帮助”。（CPJ013号受访记者）“我一般会去申请一些非政府组织的赞助，他们一般对记者资质的审核很严格，会要求你提供报道样本，还会电话面试，但通过后就没有其他要求了”。（CPJ018号受访记者）

经费来源影响了国际报道的存在机会，经费额度与报销制度则在一定程度上制约着国际报道成行后的规模与方式。记者的报销制度，目前较常见的两种是实报实销制度和预算打包制度。实报实销对记者每日经费用度的种类与额度都有系统规定，预算打包则是在策划选题时一并估算所有经费并获得批准的额度。实报实销制度下，记者使用经费的额度与方式，以及自主性的灵活程度因媒体不同而各异。有的媒体较为宽松，例如："报社只要批准某个选题，经费就比较充足，规定不是特别苛刻，住宿也没有限制每晚多少钱，可控程度较大。不过一般不超过十天。"（CPJ033 号受访记者）有的较为严苛，例如："记者在外边都比较省，报销额度要看具体地方，但都比较紧张，实报实销，控制总额，如有额外花销需要说明"。（CPJ003 号受访记者）经费投入对报道规模和方式的影响，在这次马航失联和巴西世界杯报道中得到体现，多位访谈对象提到 CNN 等国际媒体派往马来西亚的人力物力，团队作战的整体投入是中国多数媒体望尘莫及的。而在巴西世界杯报道中，一些新兴网络媒体预算充足，从人手到设备的投入规模，多媒体全方位的生产方式，让多位传统媒体的受访记者感受到，投入的不同直接导致了报道方式、种类和质量的差别。

在国际报道生产的后期阶段，经济因素的渗透与控制也会影响新闻报道内容的导向与偏向。CPJ024 号受访记者对商业力量与市场导向对媒体的影响深表忧虑："我个人更担心的反而是经济力量，商业利益对新闻的绑架，权力寻租的现象，经济力量的控制，一些调查报道被毙掉其实是经济利益的博弈，商业力量影响媒体。"经济因素对国际报道领域的影响也存在，CPJ026 号受访记者谈到其所在节目的定位被收视率绑架的无奈：

我们这个节目的定位一直在调整，开始想做客观深度的国际报道，后来发现那些东西没人爱看，一旦事关中日关系、中美关系啊，军事类啊，收视率就升高。我们只好通过收视率来调整节目定位和内容了，没办法啊，我们节目花钱多，收视率如果不行，压力太大了，所以只能跟随更有偏向的风格啊，因为那种风格很多人爱看。

（二）制度或政策制约

制度和政策以及相关规制对中国记者国际报道的影响，也分别体现在新闻生产的各个阶段。前期阶段相关政策影响了记者跨国报道的存在与议程，中期阶段的相关管控措施影响采访和报道的角度，后期阶段的编辑核查影响报道的框架与取舍。

地方媒体派出记者到海外报道新闻的出现是从 20 世纪末、21 世纪初才开始逐步发展。中国在全球化发展进程中的逐渐壮大固然刺激了国际报道的需求，但相关政策制度的变化，尤其是对地方媒体自主报道国际新闻的默许，也是空降记者产生和发展的重要前提。空降记者出现以前，中国媒体的国际新闻来源于新华社及几家允许派驻驻外记者的国家级媒体。20 世纪末开始，一些地方媒体尝试派出记者跨国采访，由此开启了空降记者跨国报道的发展之路。这一新兴模式的存在和发展意味着国际报道政策规制上的变化，也是在大环境下空降记者得以存在和发展的前提。具体到某个媒体机构，是否派出空降记者原因各异，但各任负责人是否重视国际报道，同样成为屡被受访记者提及的重要原因：

我第一次出国采访是 2000 年，当时的老总特别重视外语和国际报道，在他的推动下策划了很多国际报道选题。（CPJ001 号受访记者）

我们老总非常重视国际报道，在美国和欧洲都有自己的驻外记者，在华尔街的驻外记者还有一个团队。有些事情驻外记者去报道，有些就从国内派出去报道。（CPJ003 号受访记者）

我那几年跑了好几次国外，当时的社长特别重视国际报

> 道，希望我们能成为《纽约时报》那样的大报，所以那几年报社做的跨国报道特别多。（CPJ017 号受访记者）
>
> 跨国报道派出的频率和重视程度，也跟领导的个人风格有关。一些领导境外联系多，一些少。跟新闻中心的负责人风格也有关，负责人的风格会影响到情况很不同。（CPJ024 号受访记者）

政策因素在前期阶段对国际报道议题与报道范围的影响，则体现在报道角度和策划选题对一些敏感议题的规避，这种影响对于国内报道和国外报道是一致的。

在中期阶段，突发事件报道中各种规制对采访报道的干涉与导向直接影响甚至决定了国际报道的存在和框架偏向。与国内报道相比，受访记者大多表示，宣传管理部门对国际报道的指引无论是频次还是范围都少很多。一般国际报道的指令都与敏感的外交关系、国际关系、国家利益、国家安全、侨民和中资企业安全等因素相关。

> 规制还是有的，比如慎重报道非政府组织和宗教事务。还有些是指令性的，有些是角度性的，比如这次马航报道，涉及质疑某些国家的内容要慎重对待。（CPJ006 号受访记者）
>
> 国际报道指引比国内少，但也有，比如领导人访问某些国家期间，要求不要炒作。（CPJ009 号受访记者）
>
> 指令还是有的，尤其是关涉与我们有外交纠纷的周边国家的事情，会有具体的管理。（CPJ011 号受访记者）
>
> 国际报道就是国内报道的延伸，该敏感的还是会敏感。（CPJ014 号受访记者）
>
> 指令主要是在国际关系的敏感区，只要在新华社的框架内就没有大问题。（CPJ021 号受访对象）
>
> 国际报道相对指令没那么多，不过也有，比如一些国家发

生动乱时发规定不要去。(CPJ022号受访记者)

国家领导人在出访某个国家时，报道该国的负面新闻要少一些，主要还是跟着外交关系走。(CPJ028号受访记者)

娱乐新闻指令少很多，但也有，比如外国明星跟政治扯上关系的，就一般不做报道。(CPJ029号受访记者)

限制主要是基于外交和双边关系，比如一些国家出现反华事件，我们这边开始可能比较谨慎，后来接到通知可以去了，那时可能已经什么都没有了，没有现场了。(CPJ033号受访记者)

规范制度等政策因素在后期阶段的影响主要表现在核查制度对报道的角度和内容的把握与取舍方面。中国媒体的多层把关制度对国际报道也不例外，责任编辑、值班主任、部门主任、分管老总层层把关，每一层面的核查都可以决定报道的命运是原样刊发被放弃、被搁置、被改动。

CPJ017号受访记者奔赴瑞典报道莫言获得诺贝尔文学奖，到达瑞典以后才接到国内规定，报道莫言获奖应用通稿，该记者及其媒体的规避策略包括放弃现场报道莫言，在报道内容中弱化记者的现场感，延迟报道刊发等举措。在后来见报的报道中，莫言只出现了两次，一次是综合新华社和中新网的消息："2012年诺贝尔颁奖典礼在瑞典首都斯德哥尔摩的音乐厅举行。包括莫言在内的9名诺奖得主将在1570名宾客的关注下，从瑞典国王卡尔十六世·古斯塔夫手中逐一获得奖牌与证书。"一次是在对颁奖现场的描述中："中国作家莫言的座位号是左边7号，他将与经济学奖得主埃尔文·罗斯和生物医学奖得主之一山中伸弥相邻。"(《一起来享受有趣的一晚》，广州日报，2012.12.10)

诚然，经营压力与预算限制、制度政策与负责人取向等制约因素对国内报道、通讯社驻外国际报道的生产也同样造成影响和带来风险，但对其存在的影响程度要远小于对空降记者跨国报道造成的风险。当经营状况、政策调整或负责人变化以后，国内报道仍然会继续，驻外记者仍然要提供海外报道，空降记者却可能受到更大冲击，报道计划缩减甚至停止，因为空降记者的跨国报道可以被代替。当经营压力、政策压力和负责人取向转变时，空降记者国际报道给国际新闻带来的多样化，对媒体的品牌和竞争力的增强效应，都不足以让这种报道形态具有稳定的、必需的地位。事实上，在经历诺贝尔奖报道一波三折的过程以后，CPJ017 号记者自己也认为"地方媒体搞跨国报道不是不行，但是要看类型、看事件、看媒体特点。有些大灾难等突发事件，新华社驻站记者去就好了，媒体都可以请他们做特约撰稿人，没必要一窝蜂都去，给被采访对象造成很多压力和二次伤害。策划类的选题可以派人去，这个是比较原创的、独特的报道，能突出地方媒体自己的特色。"在空降记者国际报道的生存风险问题上，值得思考的问题是：如何才能让这类报道跟通讯社的供稿真正体现差异？能够在风险变量发生变化时，仍然有其存在的价值？一个媒体通过自主生产国际新闻来打造品牌和提高竞争力，并不是仅仅派出记者到达国外现场就能实现。

第六节　共同体的幻象——多样多变的职业意识

一、职业角色的不确定性

在对记者的调查问卷中，以下问题针对记者的职业角色认知：

您在报道时秉持的新闻观或职业理念主要为下列哪种类型？

A. 新闻还是应该以正面报道为主，引导公众舆论，促进社会发展

B. 我认同专业主义，尽量做到客观、中立和平衡报道

C. 新闻应该发挥监督功能，揭露权力腐败和社会不公

D. 倾向于市场化导向下把新闻看作商品，更重视受众需求

在回答问卷的 60 名空降记者中，54 名记者选择了 B 选项，5 名记者选择 D 选项，3 名记者选择 A 选项，1 名记者选择 C 选项，其中 3 名记者复选了 B 和 D 选项，这种选择结果可作如下解读：大部分中国空

降记者在理念上更加认同传统新闻专业主义提倡的客观中立报道，对新闻的宣传功能或监督揭露功能敏感度有所降低，取而代之的是对新闻产业化、商品化、市场化的关注与认识。在监督还是协助权力倾向方面的选择主要依据媒体自身的属性、定位以及传统。央媒、党报体系的记者更加倾向于宣传角色，而市场化媒体则可能倾向于监督或中立角色。媒体属性和定位对从业者的职业认同与实际操作产生潜移默化的影响。然而一种普遍存在的现象是，在实际操作中，记者的选择依据与内心认同不一定一致，不少受访记者提到现实操作与内心认同之间程度不一的悖逆与冲突。并且，随着媒介产业经营压力的增加和商业化导向的影响，为市场逻辑服务，将受众视为消费者而非公民的趋向在部分记者中愈加明显。

调查访谈结果显示，空降记者群体在没有参与海外报道期间，也即平时的国内报道工作中，对职业认知的个体差异显著。参照其他学者的研究分类与调查访谈结果，大致包括以下几种类别：第一类偏向于传统西方新闻专业主义，认同客观中立的新闻理念和旁观者的角色定位；第二类偏向于发展新闻专业主义，在报道操作上客观中立，但认为新闻记者不仅仅是旁观者，更应该是社会的干预者，参与和促进社会发展和进步；第三类偏向于商业新闻主义，将新闻视为一种产品，更认同经营者的角色定位；第四类处在行业底层，多位聘用制员工，将新闻视为工作，自嘲为新闻民工的角色定位。不过，深度访谈发现，记者的职业角色认知常常并非简单的对应某一类型，而是呈现出更加复杂多样的结果。记者们对国内报道和国际报道的态度存在显著区别，国内报道的角色定位是干预者、观察者、营利者，还是新闻民工心态者，因空降记者所在媒体属性、人事制度、考评制度、岗位与职责差异、新闻性质、个人价值观差异等因素而呈现出多样、多元化的认知与认同。

中国记者的职业角色认知的另一特点是其不确定性。记者们对职业功能和定位的认同常常是变动的，变动依据构成复杂，包括个人认知的发展变化、媒体属性的影响、媒介形态的差异、报道主题、报道类型的区别、个人职位变化、人事编制的变化、国内与国外报道的类型变化、认知与实践的差异、内心冲突的程度等等因素。随着商业化和消费主义的发展，作为营利者的职业定位影响越来越大，但很难定义记者在职业角色上的固定类型。一位记者在不同变量、不同语境中，由于职业角色认知的复杂多样与不确定性，及其变动的多重依据，其职业角色与认同是处于动态发展变化中的，记者个体却似乎能够把握这种复杂多样性与不确定性。

这种不确定性和变动性也体现在从国内报道到国际报道的职业角色调整。在问卷第 9 题的选择上，受访记者们对国际报道的职业定位呈现出相对明显的一致性，绝大部分记者在转变为空降记者进行国际报道时，更加认同传统的中立观察者角色。对空降记者的调查问卷和访谈结果显示，空降到国外采访报道时，不论原来的职业角色倾向与定位如何，第一类职业认知成为多数空降记者的选择。也即表明，原本倾向于后三类职业认知的普通记者在成为空降记者后，调整了职业认知与角色定位，对国内报道和国际报道采取不同的认知与定位，且呈现出一种中国空降记者临时共同体的职业认知和职业文化。

二、空降记者的共同体幻象

60 名空降记者中的 54 名认为自己在国际报道时更加倾向于“认同专业主义，尽量做到客观、中立和平衡报道”的“观察者”职业角色。在访谈中许多记者也道出职业角色认知出现调整的原因，包括国际报道不太可能干预别国社会进程，作为外国记者的主要功能就是记录和观察等等。那么，这种认知调整是否真的体现到空降记者国际报道的实践中呢？如果原本职业定位类型不同的国内记者，因为国际报道转变为空降记者的身份，就调整为相对一致的“观察者”定位，那是否可以认为空降记者在国际报道期间，出现了一个暂时的空降记者共同体，秉持一致的职业角色认知和职业文化，并将之贯穿到国际报道的生产过程中呢？

韦弗（Weaver）等学者对全球记者的两次大规模调查结果表明，

各国记者对职业角色与价值体系的认知区别很大，全球记者差异大于共识，难以形成全球新闻文化①。对驻外记者群体的研究也表明，不同国籍的驻外记者对职业角色功能的认识也是差异大于共识②。但是，同一国家或文化语境下的新闻从业者在职业角色与新闻观念方面的一致性较为显著。例如，对美国国际新闻从业人员20年间的新闻选择与价值体系展开调查，发现从业人员的选择标准与价值体系没有发生根本变化③。对同一国籍或同一文化的驻外记者研究，例如对美国驻外记者的研究也表明，虽然美国驻外记者中三分之二的人都不是美国国籍，但驻外记者们具有一致的新闻理念④。上述研究发现可以推导出这样的结论：在职业角色认知方面，不同国家或文化的记者差异大与共识，未能形成全球新闻文化和国际职业共同体，但同一国家或文化的记者如果在职业价值体系认知上较为一致，其国际新闻从业者也共享相似的职业角色认知。

与上述研究对象相比，中国派出记者的特殊性在于其来源与构成的复杂性，供职媒体单位属性的复杂性，以及在国内报道时职业角色分类的复杂性。在中国语境下，国内记者成为空降记者后，问卷结果所体现出来的关于职业角色认知的一致性和可能的共同体，在深度访谈中出现了矛盾与背离。这种矛盾体现在实际跨国采访过程中，记者们对职业角色认知仍然表现出不同类别的差异，既有旁观者定位，也有干预者角

---

① Weaver D. H.，Willnat L.，“Journalists in the 21st Century：Conclusions.” in Weaver. D. H.，Willnat. L.（eds）. *The Global Journalists in the 21st Century*. New York：Routledge，2012，pp529—551.

② Willnat. L.，Weaver. D.，“Through their Eyes：The Work of Foreign Correspondents in the United States”，*Journalism*，Vol. 4，No. 4，2003，pp403—422.

③ Chang T. K.，Southwell B.，Lee H. M.，Hong Y.，“A changing world，unchanging perspectives：American newspaper editors and enduring values in foreign news reporting”，*International Communication Gazette*，Vol. 74，No. 4，2012，pp367—384.

④ Wu D. H.，Hamilton J. M.，“US Foreign Correspondents：Changes and Continuity at the Turn of the Century”，*International Communication Gazette*，Vol. 66，No. 6，2004，pp517—532.

色，亦不乏商业主义倾向和新闻民工心态。CPJ026号受访记者的情况比较典型，该记者所在节目原本定位于客观中立的国际报道，但观众更加喜欢冲突激烈的、民族主义倾向更显著的内容，栏目在收视率压力下调整了节目定位和内容偏向。该访谈对象在脱离语境的选择题中对职业意识与角色认知选择了观察者定位，但在实际操作中，根据收视率调整内容更加倾向于营利者角色，理念认知与实际操作出现矛盾。

CPJ011号受访记者的看法也许能对这种不一致提供一种解释，该记者认为很多人，包括他自己，在职业功能与角色这个问题上存在一种内心冲突，内心或许更认同专业主义的观察者角色或其他定位，但现实操作是在自己所处的具体语境下调整和变动，依据不同情境和影响因素而成为观察者、监督者、参与者、营利者或新闻民工。这种个体认识与实际操作的矛盾表明，空降记者们在国际报道时与国内报道时没有根本区别，虽然在选择时倾向于观察者，但在实际操作中视具体语境而呈现出职业定位的多样性和复杂性，在一定程度上沿袭了国内记者职业认同的复杂性和不稳定性。空降记者的跨国报道生产过程，每个阶段都有国内化、本土化的影响，即使部分记者在国外采访阶段暂时变化为观察者，但在报道的前期与后期，尤其是在后期呈现阶段，很难避免“本土编辑思维”的空降记者们，也很难避免回归在国内报道时的职业角色定位。

在中国的新闻生态和媒介环境下，新闻从业者的职业意识呈现出复杂多样的分类，从业者个体的具体职业角色定位还具有灵活多变的特性，依据媒体属性、职位差异、报道类型、媒介形态等因素的变化，发生着组合式的转变。记者们在观察者、参与者、营利者和新闻民工定位之间转变，在内心认同与实践操作的冲突中调适，最终形成一种复杂多变的，缺乏稳定性的职业角色认知模式。在国内报道时是这样的模式，在跨国采访时并没有根本改变。因此，在问卷选择中所出现的记者都认同“观察者”职业角色的一致性与暂时共同体，只能是一种幻象。国内化的国际报道生产模式决定了这种共同体难以形成，空降记者并没有形成一致的职业认知与文化，也辩证地加深了跨国报道生产的国内化印记，在不同的职业角色认知导向下，中国媒体记者们的报道过程和报道框架必然出现差异。

第三章　解决路径的分析与探讨

第一节　新闻生产及其影响因素研究

中国媒体派出记者“空降”报道国际新闻是一种较新的报道模式，存在各种问题与困境，哪些因素导致了这些问题和困境的产生？这些因素又如何影响和制约中国媒体的国际新闻生产？如何才能得到完善和解决？回答上述问题，本书选择新闻生产的研究路径，考察中国新闻媒体派出的记者在海外报道生产过程中受到哪些因素的影响和制约，并以此作为理论依据，探讨各类问题的解决路径。

从新闻生产社会学的研究路径展开对新闻生产过程及其影响因素的考察，逐渐代替了媒介效果研究的范式，取得不少相关研究成果。在影响新闻生产的中观层面上，学者们对新闻与政治因素、经济力量、社会制度、媒介组织和生产惯习等方面的关系展开研究。一些学者就影响新闻生产的中观因素进行理论模型的建构，其中较有影响的模型如美国学者舒梅克与瑞斯（Shoemaker，Reese）的层级影响因素模型，该模型的中观层面影响因素包括媒介社会生态环境因素（政府、市场与技术）、媒介组织因素（组织目标、角色与架构、所有权与政策）和新闻生产因素（受众和信源、内容取向与新闻结构、产制流程与惯习、信源渠道与依赖)[①]。其他理论结构模型还包括早期的个人、组织和制度三层层级模型[②]，五类因素模型包含个人与组织影响、媒介惯习与规范、政治经济因素、文化与意识形态因素[③]；六类因素模型结构包括政治影响、经济影响、组织影响、惯习影响、职业影响和相关群体影响[④]。七类因素模型涵盖个体、小团体、组织、竞争、行业、媒介外因素和法律因素[⑤]。

上述新闻生产的影响因素模型虽然各有差别，但均涵盖几个基本层面，即政治因素、经济因素、组织因素和生产因素等各层面的影响。政治因素主要指政府、官员、政策制度和新闻审查的影响；经济因素主要考虑盈利、市场和受众，组织因素主要针对组织形态、决策、管理流程及编辑流程；生产因素主要关涉从业者的工作考量和制约因素，包括时间、空间、信源以及产制流程等。其中政治和经济因素构成媒介的社会生态环境因素，而组织因素和生产因素则关注新闻生产的直接环节。

通过对比不同国家和制度环境中上述因素对新闻的影响，研究发现政治和经济因素对新闻的影响程度在不同媒介体制和具体情境下有所差异，例如：政治因素在非民主制国家的影响程度较大，经济因素对国有

---

① Shoemaker P. J.，Reese S. D.，*Mediating The Message：Theories of Influences on Mass Media Content*，New York：Longman，1996.

② Ettema J. S.，Whitney D. C.，Wackman D. B. "Professional Mass Communicators" in Berger. C. R.，Chaffee. S. H. （eds）. *Handbook of Communication Science*. Newbury Park. CA：Sage Publications，1987.

Whitney C. D.，Randall S. S.，McQuail D.，"News Media Production：Individuals，Organizations，and Institutions". in Downing J. D. H.，McQuail. D.，Schlesinger. P.，Wartella. E. A. （eds）. *The SAGE Handbook of Media Studies*. Thousand Oaks. CA：SAGE，2004.

③ Preston P.，*Making the News：Journalism and News Cultures in Europe*. London：Routledge，2009.

④ Hanitzsch T.，Maria A.，Rosa B.，Incilay C.，Mihai C.，Basyouni H.，Folker H.，et al，"Modeling Perceived Influences on Journalism：Evidence from a Cross－National Survey of Journalists"，*Journalism & Mass Communication Quarterly*，Vol. 87，No. 1，2010，pp7—24.

⑤ Voakes P. S.，"Social Influences on Journalists'Decision Making in Ethical Situations"，*Journal of Mass Media Ethics*，Vol. 12，No. 1，1997，pp18—35.

媒体的影响比对民营媒体和私有媒体的影响更大。组织因素和生产因素不仅在不同制度和社会环境下的影响呈现较小差别，而且比政治和经济因素更直接作用和影响着新闻从业者的生产过程。上述研究发现说明，即使对处在新闻自由较少和所有权更受制约的媒介环境中的从业者来说，组织常规和生产惯习因素也比政治和经济因素有更加重大和直接的影响①。

组织常规和生产惯习因素考察从业者如何在新闻机构中通过一定的程序和规范建构新闻的过程。塔奇曼在其著作《做新闻》中提出的新闻网理论，形象地解释了这一过程。在新闻机构中，新闻网包括地理边界化、组织专门化和部门分工化，新闻机构中的新闻网通过复杂的行政体系以及编辑、记者之间的相互合作及交错的责任形成空间分布，并由机构化的编辑系统规范着秩序。在这种互动过程中编辑记者对网中各种捕获的事件进行价值分类，新闻编辑最终创造并再创造协商性的判断标准，在协商平衡中达成一致意见，确定新闻价值，建构符合社会现实秩序的新闻框架②。

甘斯对美国电视及周刊新闻生产的经典研究则具体地剖析了根基于新闻机构内部的生产惯习，总结出记者如何在生产惯习中选择和建构新闻报道。他指出记者在权力和效率原则作用下，依据具体情境，对所发生事件的消息来源、实质内容、产品考量与价值考量、商业、受众和政治考量等其中某方面或多方面的衡量因素进行判别，最终选择和完成报道③。这种考量过程内化为记者在工作中的生产惯习，成为媒介“新闻网”的重要组成部分，最终决定什么样的事件能被捕获到新闻网中来，

① Hanitzsch T., Mellado C., “What Shapes the News around the World? How Journalists in Eighteen Countries Perceive Influences on Their Work”, *The International Journal of Press/Politics*, Vol. 16, 2011, pp 404—426.

② 盖伊·塔奇曼著：《做新闻》，麻争旗、刘笑盈、徐扬译，华夏出版社2008年版。

③ 赫伯特·甘斯著：《什么在决定新闻——对CBS晚间新闻、NBC夜间新闻、〈新闻周刊〉及〈时代〉周刊的研究》，石琳、李红涛译，北京大学出版社2009年版。

以及按什么样的框架建构新闻。

针对空降记者的国际新闻生产研究非常缺乏，为数不多的相关研究主要针对驻外机构和驻外记者，剖析驻外记者的生产惯习如何影响海外报道的偏向。针对驻外记者在消息来源上的考量，有研究发现记者被派往海外后会无意识地和那些在文化上与之比较接近的人，或者在价值观上更加认可的人建立联系。这些联系人表达的观点认同文化上的偏向，也符合国内主编的成见，这样的消息来源偏向会形成连记者也未曾意识到的内容偏向①。对驻华外国记者生产惯习的研究表明双重时差和助理依赖往往导致有效信源采集的困难和新闻选择的限制。“驻华外国记者在组织一天的新闻采集工作和生活时依据着两个时间：一个为本国的时间，一个为中国时间。记者们所参照的双重时间被用来协调着由于时差造成的诸多不便，而这其中就包括临时的采访安排。《法兰克福汇报》驻华记者克里斯汀（Christian Geinitz）就抱怨法兰克福总部经常会在北京时间晚间 9、10 点左右要求其就某个话题采访中国相关人员，而这几乎是不可能完成的任务，因为中国很多机构在下午 5 点后办公室就空了②。”

同时，由于半数以上驻华记者不懂中文，很多事情都需要依赖中文助理，选择新闻，联系采访，完成报道等等③。随着新闻全球化和媒介技术的发展，驻外记者的重要性在减弱，新型的“观光客”记者出现在跨国、跨文化报道领域，这些记者比“空降记者”的赴任时间更短，他们飞抵现场，通过卫星和无线通讯技术发回报道后再去另外的新闻现场。观光客记者大部分时间住在干净卫生、装备很好的酒店里，与当地有组织的舆论操控者和公关人员合作，很少有机会和当地人或当地环境接触。由于时间短暂，观光客记者比当地记者更易操控，成为舆论操控

---

① P. 埃里克·劳：《海外报道》，转引自阿诺德 .S. 戴比尔，约翰·C. 梅里尔主编：《全球新闻事业：重大议题与传媒体制》，华夏出版社 2010 年版，第 143—163 页。

② 钱进：《时差、节奏与驻华外国记者的新闻生产常规》，《新闻记者》2013 年第 5 期。

③ 谭涵：《驻华记者都忙些什么》，《环球时报》2002 年 8 月 18 日。

者和公共人员的首要目标①。

在上述研究成果中，舒梅克与瑞斯（Shoemaker，Reese）的层级影响因素理论从宏观、中观、微观维度较为系统全面地概括了影响新闻生产的各层面因素，该模式如下图所示：

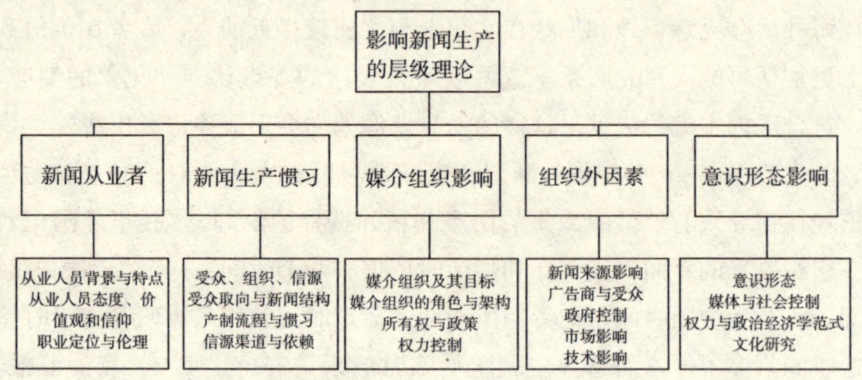

图 2　新闻生产的层级影响因素理论（Hierarchy of Influences Model）②

舒梅克等人的理论是一种去语境化的理论建构，对于考察不同国家、不同文化、不同制度、不同新闻类型、不同媒体机构、不同媒介形态下新闻生产与报道内容的影响因素，具有较广泛的适用性。但是，在此框架之下，不同语境中某种特定新闻报道类型的影响因素及其范畴、种类、影响程度存在差异性，应用此理论框架去分析本土化的具体问题，需要结合本土语境进行调整修正，使之更具有对本土实践及问题的针对性和解释力。参照舒梅克等人以及其他学者的相关研究框架与中国媒介生态环境，对上述理论模式进行调整，考察中国记者的国际新闻生产影响因素主要从新闻从业者、生产常规和媒介环境三个维度展开，分析这三个维度下哪些因素影响和制约着中国记者的国际报道，这种报道

① P. 埃里克·劳：《海外报道》，转引自阿诺德.S. 戴比尔，约翰.C. 梅里尔主编：《全球新闻事业：重大议题与传媒体制》，华夏出版社 2010 年版，第 143—163 页。

② Shoemaker. P. J.，Reese. S. D. *Mediating The Message：Theories of Influences on Mass Media Content.*，New York：Longman，1996.

类型所出现的种种问题与困境，分别是哪个维度中何种因素所导致，进而以此为依据探讨解决问题的可能性和改善报道的路径。

第二节　空降报道从业者因素

中国空降记者的出现双向印证了国际新闻报道者的“国内化”趋势与国内新闻报道者“国际化”的趋势，空降记者打破了记者以“国内”和“国外”地域界限为标准的区分。传统意义上的国内新闻记者不到国外采访报道，国外的新闻由驻外记者或负责国际新闻的编辑记者去完成。但在本次研究调查中，只有28%的样本记者来自负责国际新闻的国际部，其他都是各国内新闻版块的记者。这些记者虽然外语水平明显低于驻外记者，但其中57%具备较高语言沟通能力。虽然只有10%的空降记者具有半年以上较长期出国经历，但81%的空降记者有过短期出国经历。这些结果说明随着中国整体综合国力增强，外语教育基础水平提高，普通民众出国比例增长，国内新闻记者群体的国际交流经验和能力也在逐步增强。

但是，空降记者超越了地域意义上“国内”新闻记者的含义，把“国内”新闻现场扩展到了“国外”，把采访报道的现场扩展到了“国外”，把采访对象与消息来源扩展到了“国外”，与来自各国、各文化的记者们同台工作。原本不出国门的国内新闻报道者成为空降记者，新闻现场国际化、工作语言国际化、工作方式国际化，空降记者意味着国内新闻报道者的国际化转型，这种转型对记者的专业技能、职业伦理、职业角色提出了新的要求，如果记者未能达到转型要求，相关问题和困境随之产生。

（一）专业技能

记者们提到的下列典型困难：沟通不畅、翻译不力、经验不足、资源缺乏、路径困惑等，究其根源是海外报道从业者的专业技能缺失所造成的问题。与国内报道相比，国际报道的核心专业技能包括外语能力、沟通能力、突破能力等。与传统驻外记者相比，空降记者缺乏的不仅仅是经验和资源方面的硬伤，往往还包括某些核心技能，因而遭遇因某项能力不足所导致的相应困难。例如，缺乏突破能力，就可能在去语境化的国际新闻场域中找不到信息获取路径。一些记者反思自己的报道经历以后，总结跨国报道的主要技能如下：

> 我感觉最重要的能力是突破能力，这其实是对记者在任何环境下都能完成任务的一种业务能力要求，不管是国内国外，有限制还是无限制，能够突破找到新闻都是最重要的。——CPJ011 号受访记者
>
> 素质来说语言还是非常重要的，虽然英语并非全部地方都行，但英语能帮助你获取很多信息，打交道更方便。另外就是沟通能力，找到关系的突破能力。——CPJ017 号受访记者
>
> 首先英语能力是必须的，即使在非英语国家，英语也能沟通。并且能用英语在国外随时查看国际大媒体的消息，所以英语的作用不仅是沟通，还有对各种消息的把握。然后需要国际关系、国际政治方面的知识储备，还有就是对国际动态和新闻点的预测，还有沟通和应变能力，在国内报道出了事情大家都知道解决的各种套路，但国外不行，需要在陌生环境中的应变能力，应对危机和风险。还有团队合作能力，在外面要管理和协调团队的能力。——CPJ006 号受访记者

中国记者报道国际新闻的专业技能缺失或不足，不仅与记者的构成与背景有关，也与中国媒体的相关实践仍待发展有关，国际报道经验缺乏，对核心技能的认识与掌握都仍需时间。

（二）职业伦理

与中国记者国际报道的职业伦理相关的问题包括敬业程度、争议性

采访手段和受邀报道的伦理问题。敬业与否并非海外报道的专属问题，但却是中国媒体的记者们在跨国报道经历中，在与部分敬业的外国同行的比较中，感受较为深刻的问题。部分记者出现懈怠、合成报道、编纂报道等职业伦理问题，与媒体机构选派记者的标准有一定关系。在这种选派标准和预期之下，一些抱着享受单位福利期待的记者，就可能等着别人的二手信息，合成资料应付了事。因此，敬业问题不仅仅是记者个体的问题，在一定程度上也是选派机制的导向问题。

中国记者在国际报道中使用争议性采访手段的情况与国内报道差别不大，主要基于获取信息、安全防护、完成任务等考量，虽然记者们在理念上对于不使用有争议的采访手法都表示认同，但在实际采访经历中则需视具体情境而定，不少受访记者都采用过隐蔽采访、隐匿身份等方法。

受邀报道是中国记者国际报道类型中比较独特但并不少见的类型。在记者们看来，这种报道是否存在伦理问题，或者违反职业伦理的程度，与邀请方的属性、诉求、是否干涉报道内容、是否注明资助方等因素相关。较为普遍的看法是，由政府、企业、各种性质的组织邀请，具有明确的宣传或公关诉求，有看稿或改稿要求，不注明邀请方的报道，实质上就是公关稿，这种报道是受邀报道中最普遍的，也是伦理争议性较大的类型。而针对媒体和记者的各种资助或奖励、非政府或非营利组织为促进报道多样化或公共利益，无改稿行为，标明或不标明资助来源的报道，则相对而言没有或较小伦理争议。

与专业技能不同，中国记者的职业伦理问题并非国际报道专有问题，上述各类跨国报道出现的伦理问题，实际上与国内报道出现的伦理问题并无根本差异，既与记者个体的原因相关，也受到实践机制与媒介生态的影响。

（三）职业角色

中国记者职业角色的多样性、不确定性及变化性，是中国媒介环境和社会生态下较为独特的现象。职业功能角色的认知影响新闻生产，影响报道议程、角度和框架，在舒梅克及其他学者对新闻影响因素的研究中，职业角色认知也是从业者因素中的主要构成部分。中国记者在国内报道实践中的职业角色定位复杂多样，在不同语境下常常调整变化，CPJ016 号受访记者对这种多样多变的特点做了比较有代表性的阐述：

> 我觉得自己的职业意识是变化的，视乎哪类媒体、哪类新闻。比如在国内做报道，更倾向于干预主义，希望自己的报道能够影响社会进程。但国际报道就更倾向于观察者心态，因为觉得影响不了那里。媒体类型也有影响，比如同在我们报社内部，传统媒体就更倾向干预者，新媒体的是商业化倾向，传统媒体承担新闻功能，新媒体才是经营增长点，所以对新媒体的管理更加灵活，内容试探和突破的尺度更大。我觉得大部分同事都是如此，只有很少部分是比较固化、单一的情况。

影响记者职业角色调整变化的各种变量包括媒体属性、报道类型、媒介形态、媒体定位等因素，不同的职业角色定位对报道内容的影响常常是直接而显见的。例如，同一媒体机构中，在传统媒介渠道工作的记者定位为“参与者”或“观察者”，而新媒体部门的记者定位于“营利者”，职业定位的差异会在同一新闻的报道角度框架、语言风格呈现等方面体现出差异。为了在转型新媒体的竞争中赢得市场，传统媒体纷纷鼓励新媒体部门在新闻产品的内容和形式上进行创新，对新媒体平台的新闻定位和生产机制多采取与传统媒体不同的规划管理，记者的职业角色定位也在这种“区别对待”的导向下随之调整变化。

在 CPJ016 号记者引述的影响记者职业角色定位的变量中包括“国内报道”与“国外报道”的区别。虽然回答问卷的绝大部分记者选择国外报道中的“观察者”角色，但接受深度访谈时记者们所反映的却是比较矛盾的现实情况。中国记者的国际新闻生产具有“国内化”的特点，虽然记者们在去语境化的认知选择中选择国外报道的“观察者”角色，但在采访过程和报道呈现的各环节仍是依据国内报道的媒体属性、媒体定位、媒介形态等因素来定位和变换职业角色。

因此，中国记者在国外报道中的“观察者”定位更多是认知层面的共识，实际上还是与国内记者身份时所具有的职业角色多样、多变性一致。在职业角色多样多变的影响下，国际报道的定位与内容也易于发生变化。CPJ026 号受访记者的情况对此做出注解，该记者主要做国际时政和军事新闻报道，在国外采访阶段在“观察者”的角色定位下尽量做到客观平衡，但在后期新闻制作和内容呈现时不得不转换到“营利者”角色，更加突出部分报道的民族主义倾向性。

与职业伦理问题一样，中国记者的职业角色认知与定位的多样化与多变性特点与国内报道一致，是在记者个体选择、所在媒体特性与媒介社会生态等多维度因素的综合作用下形成的问题。

第三节　海外报道生产常规

中国媒体记者在跨国报道过程各阶段经历不同的困境：遥远的异国现场要么在地理意义上不易到达，要么因为各种阻碍和路径困惑而仅仅只到达了地理意义上的现场；采访阶段难以接触到核心当事人，在截稿时间期限内缺乏足够线索和消息来源，从而形成对涉华信源和二手信源的依赖；写稿阶段要么用自己的“本土思维编辑”进行框架设定，要么被国内编辑用“本土眼镜”过滤进行内容取舍，最终导致报道内容的“国内化”偏向。报道过程中各阶段困境指向中国记者的国际报道生产常规问题。正如塔奇曼考察新闻机构如何通过一定的程序和规范建构新闻，甘斯研究记者在生产惯习中选择和建构报道，新闻是一种机构化的生产，是组织、编辑与记者之间的互动与协商，新闻是特定生产常规下建构的产品，生产常规的问题会导向新闻建构过程和结果的困境。空降记者在国际报道各阶段的困境，是空降报道的生产常规存在问题的反证。

（一）前期准备

与驻外记者相比，空降记者存在先天“硬伤”，例如到达新闻现场的困难、资源与关系缺乏、不熟悉当地难以打开信息突破口等等，这些问题可以通过充分的前期准备来弥补和减轻。在这类记者国际报道的生产流程中，前期准备缺失或不足会加剧先天“硬伤”。前期准备包括出行准备与采访准备，出行准备需要获取签证、预订机票酒店、联系翻译、配置设备等，这些环节任何一项出现问题，就可能给后续采访报道带来麻烦。例如，寻找合适的翻译对于非英语国家的采访尤其重要。CPJ020号受访记者在去巴西报道世界杯以前，就通过联系“广东外语外贸大学西语学院葡萄牙语系在巴西几个城市的交换学生做翻译，出发前就把采访策划和要求发给翻译，让她们帮忙联系采访对象和准备采访的翻译材料。后来证明她们有准备就能做得很好。”

采访准备主要包括两方面，对新闻事件本身和对所到国基本情况、社会制度和文化习俗的了解。突发新闻需要争取尽早出发，留给记者了解新闻事件和所到国家背景的时间极其有限，有些记者甚至根本没有时间准备，但在飞机上和酒店里争分夺秒地迅速了解相关信息也会弥补对当地不了解导致的困惑。CPJ033号受访记者“一般在去任何一个国家前都会看该国的2—3本书，从网上找相关资料，没有时间就在飞机上读完这些资料。”常规国际新闻和策划选题报道则能够预留相对充分的时间给记者做好采访准备。

大部分接受访谈的记者均表示，了解所在国社会制度和文化习俗非常重要，很大程度甚至影响和决定了后续采访的成败。一个国家的基本情况比较容易获知，但其当前现实状况中的问题、规范、习俗、潜规则等，则往往不在记者前期准备所查阅的书籍等信息来源中出现，常常在类似自由行攻略等其他信息渠道中获知，容易被记者忽略。被忽略或未曾了解充分的现实状况却有可能成为后续采访过程的真正难题，或者反之，因为记者的充分了解而在后续报道中化解了危机。CPJ016 号受访记者就因了解报道国的某种潜规则而顺利度过一次意外危机：

> 我们是通过跟旅行团的方式到该国落地签证，但导游出发前竟然忘记告诉我们，该国落地签需要随身携带 1 万当地货币现金，我们当时面临被拒签的可能。但我以前到该国旅游过，看过旅行攻略，知道打点一下就可以解决这问题，算是当地的一种潜规则，于是在护照里夹带了相当于 50 元人民币的美金，他们就放行了，没有耽误采访。

在中国记者国际报道的前期准备中，是否准备及其充分程度决定了采访报道过程出现相应问题的程度。一般来说，常规重要新闻、策划报道和受邀报道比突发国际事件的时间更充足，准备更加充分，因而在采访报道中的相应问题相对较少。

（二）记者选派与培训

媒体机构对派出记者的选派是否合适，是否提供系统培训，直接影响中国记者能否顺利完成采访报道任务。国内派出的空降记者，根据不同跨国报道类型，选派标准各异。对于突发重大国际新闻，媒体都会派出精兵强将，一般从两个层面考量，一是业务能力与领域相关性，例如 CPJ003 号受访记者所在媒体选派该部门一位记者报道马航事件的原因是“该记者平时主要负责报道航空公司，有条线的相关性。”另一层面是跨国适应能力，包括语言能力、沟通能力、应变能力、身体状况等，不同媒体与不同事件侧重点不一，由负责人综合考虑。例如，某省级电视台新闻中心副主任选派空降记者的条件为：“业务能力肯定是最重要的，得是多面手，外语水平肯定考虑，要能沟通。还有身体条件，性别，男的更方便，都是综合来考虑的。”（CPJ024 号受访记者）而 CPJ006 号受访记者谈到自己被派往乌克兰采访的原因是“因为我学国际关系的，对语言和国际政治的把握还不错，加上身强体壮，以前也有过出国经验，所以让我做这次出国采访的团队负责人。”

常规国际事件的人员选派标准各异，一般原则与突发事件类似，但部分媒体仍把出国采访视为一种员工福利或锻炼机会，根据关系或平衡原则进行安排。“出国采访常被当作一种福利，没太考虑语言能力，有时候领导会关照那些平时没什么机会出国的部门，搭配着出去看看。”（CPJ016 号受访记者）“外语能力要适合，对某个行业和题材要熟悉，然后也兼顾轮流原则。”（CPJ031 号受访记者）依据关系和平衡原则来选派记者，以及把出国采访作为福利的预期，增加了记者在采访过程中不敬业不专业的可能性。

策划类跨国报道以策划者为标准分为两类，如果是媒体管理层策划的选题，则由高层选派，依据选题综合考虑条线相关性、个人业务及其他能力、人员平衡等因素。例如，某报社策划了考察国外垃圾分类的选题，并由时政部承办，但考虑到语言及资源能力，选派国际部的编辑更多（CPJ019 号受访记者）。如果选题和策划方案是由记者或编辑由下往上申请并获得批准，一般会优先考虑选题申报者及相关部门人员。例如，CPJ011 号受访记者策划了希腊中期选举报道方案并获得批准，随后被派往希腊采访。CPJ017 号受访记者成功申请并被派到瑞典采访莫言获奖的诺贝尔奖颁奖典礼，其后到缅甸采访昂山素季也是自己策划申报的选题。

受邀报道的人员选派分为以下几种，一种是邀请方对媒体单位提出邀请，由媒体高层根据相关性、平衡照顾或其他标准派人。CPJ033 号受访记者谈到：“一些部门像共青团中央，会组织一些国内记者组成代表团到某个国家做定向访问，比如丝绸之路，这种会根据上面的要求来派人。”第二种是邀请方直接对记者发出邀请，记者报批获得同意被派出，例如，英国驻华大使馆通过举办环保报道大赛的方式，资助获奖的中国记者飞赴墨西哥坎昆报道联合国气候大会（CPJ014 号受访记者）。又如恒大集团邀请各媒体跟队的足球记者跟随恒大足球队出国比赛做随队采访（CPJ025 号受访记者）。第三种是记者成功申请或联系邀请方，并获得单位批准被派出。例如，CPJ018 号受访记者成功申请美国夏威夷东西方中心和联合国气候研究组织的短期资助项目，获得采访美国大选和联合国气候峰会的机会。

综上所述，派出记者的选派机制灵活，各部门记者都有可能被临时派出。依据各异的选派机制不仅不能每次都确保最适合的记者被选中，而且选派人员的零散性、随意性和不稳定性对于中国记者积累跨国报道经验和资源非常不利。在所有受访记者中，仅有两家媒体的记者谈到另外一种相对固定的选派模式，即专门设置一位或几位记者作为固定的海外报道岗位，突发重大或常规重要国际报道都由这些记者去完成。CPJ030 号受访记者来自一家都市报，是该报国际部常设的“固定空降记者”：“我们国际部以前只有编辑，在 2009 年设了记者岗，专门跑自己的国际新闻，出国采访几乎都是我去。现在还另外增加了一名记者。”CPJ033 号受访记者来自一家全国性媒体，也是该媒体比较固定的空降记者：“报社总共有 3—5 名记者负责跑国际上的重大突发事件，我们这几个人轮流跑，每次派出 1－2 人。”较之多数媒体选派机制的随机性，这种“固定空降”的模式更有利于培养空降记者，弥补空降记者报道国际新闻的经验和资源匮乏之短板。

系统的相关培训也是弥补派出记者先天不足的有效手段，反之，缺乏国际报道培训的记者仓促上阵，遭遇各种困境的风险更高。就本次研究的问卷调查和访谈结果来看，驻外记者外派前一般都有较为固定的培训机制，但针对空降记者的系统培训严重缺乏，仅有对安全、设备等方面的注意事项告知。CPJ006 号受访记者来自某省级电视台，他出国采访前所在电视台没有提供任何相关培训。来自某省级党报的 CPJ0011 号受访记者也谈到：“大家都是单兵作战，没有任何相关的培训和讲座，回来后也是很小范围的总结。”CPJ022 号受访记者去过冲突地区采访，其所在媒体也没有相关培训：“战地采访也是说去就去了，连保险都没买。报社买了防弹衣，但是比较山寨那种，无法抵挡利比亚那些 AK47

的子弹。”

CPJ033号受访记者分析了媒体缺乏对空降记者培训的原因：“除了几家中央媒体有驻外记者外，很多媒体都是在近十几年才做国际报道，没有前辈，因此能给空降记者的东西很少，没有这样的能力，在记者这个行当里应该是前辈带后辈，但是大部分媒体在空降记者这个领域里还没有前辈。”相对而言，对驻外记者的培训更加系统化。来自某国家级媒体的CPJ028号受访记者谈到该媒体对驻外记者的培训机制：“驻外记者每年都有选拔考试，考核语言、业务能力和面试，通过以后进行至少半年的培训，请资深的编导、制片人来讲课，进行防灾演习和体能训练以便应付突发事件和战争环境。”

但是，曾在某国家级媒体长期担任驻外记者的CPJ036号受访记者认为：“我们单位的驻外记者培训包括业务培训、政策培训、技术培训和财务培训，但感觉也没有一个完整的体系，想起来就弄，想不起来就算了。今年可能听一个有关保密的展览，以后又没了。很多记者虽然接受了财务培训，出去以后还是不会做账。培训年年有，但比较乱。”经过多次空降报道的历练以后，长期跑国际时政的CPJ033号受访记者提出对培训内容的期待：“最有价值的培训内容可能是先接触对某个地方有一手消息的人。比如谁去过乌克兰，去向他们了解你是不是需要防弹衣，了解你到当地应该信任什么样的人；然后，在记者出去之前，如果可以的话，外交部能有个吹风会（或者比较好的学者），让记者了解两国政策，宏观趋势的把握，虽然记者的报道可能也不会影响什么，但至少不要违背国家的政策和利益。”

综合来看，目前媒体机构对派出记者的培训存在两个层面的问题，一方面是相关培训严重缺乏，另一方面是培训内容与方式仍待完善。驻外记者的培训相对系统和成熟，但也存在各自为政、缺乏标准的问题。缺乏有效培训也是导致空降记者在国际报道过程中出现困境的影响因素之一。

（三）组织管理与支持

在派出记者跨国采访的过程中，后方编辑部的管理与支持，同样影响着报道的难度与质量。负责编辑对报道的管理模式，不同媒体针对不同报道类型差异较大。对于特别重大的突发国际事件，媒体管理模式大致分为高度介入、中度介入与低度介入三种。一些媒体具有规范的应急机制与管理模式，自上而下调动不同部门的相关资源，开启重大报道项目管理机制，在整个报道过程中坐镇指挥的国内负责团队高度介入，根据事件发展情况安排人员调配，指导报道方案，管理报道进程，规划报道呈现。CPJ003 号受访记者这样描述所在媒体的应急管理模式："重大国际事件一般是几个部门协作，在头版委员会的统筹下，成立项目管理制，比如这次马航事件就是如此。"

项目管理模式能够最大限度调动组织资源为报道服务，但更为常见的是较为松散的中度介入管理模式，由媒体高层负责报道的人员选派与统筹安排，把握任务的大方向，但相关部门之间并无明确的分工与负责机制，是一种缺乏系统分工的临时管理模式。CPJ006 号受访记者谈到这种跨部门松散合作带来的不便："我们电视记者出国采访一般都要配备摄像和传输技术人员，需要跨部门合作，可是单位又没有严格的分工合作体制，各部门之间还存在竞争关系，人家一旦不合作，我们就很被动，常常要花时间精力去协调部门之间的关系。"

低度介入管理模式也在部分媒体中存在，前期人员选派与报道方案敲定以后，报道进程中不再调拨专人进行统筹，而是与国内常规报道一样，由值班责任编辑负责联络事宜。CPJ016 号受访记者所在单位对于跨国报道就实行这种模式："报社基本没有太多管理，主要是跟值班编辑沟通，其他都自己办。"对于非重大国际突发事件的报道，大部分受访记者表示低度介入的管理模式更为普遍。

除了形成国际报道临时管理机制外，另一种典型的组织支持是为记者完成报道提供必要的业务支持和后勤支持。业务支持包括联系采访对象、提供报道线索、查询背景资料、更新相关资讯等。后勤支持包括获取签证、预订机票酒店等与吃、穿、住、行等生活问题相关的帮助。业务支持因媒体和具体报道任务而异。CPJ010 号受访记者所在单位提供的相关业务支持包括："重大国际报道后方会组成专门团队配合外派记者，比如记者去报道埃及骚乱，后方就成立三人团队专门负责收集资料、补充报道和提供背景。"对记者报道业务方面协助很少的媒体也不罕见。CPJ020 号受访记者谈到："我们报社各部门之间协调很少，我这次出国也没有什么后方支持和帮助，精英走了很多，新来的编辑太年轻，对报道帮助不大。"CPJ027 号受访记者也提到缺乏业务支持的压力："我在马来西亚都是一个人跑，没人帮我查资料，非常不方便，我们这次没有专门编辑盯这事，后方团队运作不行。如果后方能对信息做一些梳理就好多了。"

业务支持各媒体程度不一，而对于记者的后勤支持，大部分受访记者都表示比较缺乏，接到任务的记者大多都得自己去申请因私护照和旅游签证，预订机票和酒店，出国后更是一切自理。不少受访记者谈到后勤方面耗费了许多个人精力和时间。CPJ027 号受访记者对其他媒体为记者提供生活支持表示羡慕："我住的酒店很远，每天到处奔忙耗费了很多时间和精力，香港《南华早报》的记者就不用为生活操心，他们 5 个人团队的其中一个人专门负责生活方面的服务。"

在组织管理支持方面，虽然各媒体对重大突发事件投入了较多支持，通过项目管理模式调动组织资源指导和协助空降记者，但对其他类型的报道管理和支持力度较弱，后勤支持普遍比较缺乏，对比国外记者的团队作战和后方支援，中国媒体的后方管理与支持还有差距。组织支持薄弱也成为造成空降报道面临困难的影响因素。

（四）编辑流程与制度

当组织支持缺乏时，负责与记者联络的责任编辑对于报道的影响程度加深。派出记者跨国报道的编辑流程分为三个阶段：前期、中期与后期。后方编辑与前方记者在三个阶段的互动特征并不相同。在前期阶段，也即是记者出发前的准备阶段，编辑与记者共同就报道任务各方面进行协商，达成共识，在此阶段双方的作用相当。CPJ030 号受访记者认为前期策划方案对于深度国际特别报道非常关键："2012 年我们到利比亚采访，总共去了四个人，国际、要闻、深度的人都有，出发前大家和负责编辑一起设计了统一的策划方案，分工合作。"CPJ006 号受访记者也谈到前期编辑策划的重要："我们这次到乌克兰采访，编辑、领导和编外专家一起商议报道角度、采访对象、报道规划等，在出发前我们就几乎全部都弄好了，准备比较充分。"在报道的前期阶段，编辑与记者的充分互动能让报道准备质量更高，反之则会带来后续阶段的困难。

然而，即使编辑和记者在前期准备中就报道做出比较充分的规划，也常出现记者到国外以后才发现，因为各种意料不到的情况，前期准备的方案不太具有适应性和可操作性。中期阶段，身在现场的前方记者具有较大的自主性，编辑作用相对减低。CPJ030 号受访记者的经历就很典型："我第一次去尼泊尔采访，出发前和编辑商量了方案，但很多方案到了前线发现行不通，得自己摸清情况以后重新安排。"CPJ033 号受访记者分析了中期阶段记者主导的原因："在国外时后方编辑对前方帮助很小，我和后方的接触基本是告诉编辑今天我在哪里，可能会发什么样的稿子，但基本都是前方主导后方，后方没有直观感受，很难给你一个建议。如果前后方观点不一致，有时间会电话沟通一下，如果有分歧一般都还是尊重前方记者。"

CPJ028 号受访记者还从编辑的身份和角度谈到中期阶段的记者主导情况："在国外如果前后方想法不一致，一般尊重前方记者，毕竟他们在一线，看到的情况不一样。"CPJ001 号受访记者就此提到同事的一段经历："我的一位同事被派去报道利比亚，大家开始都设想战争前的紧张局势，于是商议要写出紧张的战前氛围，结果记者去了发现那边一派和平景象，虽然后方仍然希望能有紧张角度，但记者坚持按照自己看到的情况进行报道。"不过，一些策划性选题，尤其是涉及人物专访的报道中期阶段，编辑作用并无降低，CPJ013 号受访记者就是如此：“我在国外跟编辑联系也挺紧密的，每天都沟通，细致到具体问题怎么问，哪些问题可能会使别人尴尬，该如何应对等等。”总体而言，只有少数媒体在策划类选题的中期采访报道阶段仍与记者保持高度互动，大部分跨国报道的中期阶段都出现编辑作用减低的情况，然而此阶段恰恰是空降记者困难最多、最需要后方支持的阶段。

后期阶段编辑又重新占据主导地位，对稿件的角度和内容如何取舍和修改，一般都实行编辑负责制。CPJ031 号受访记者表示：“编辑和记者在后期稿件处理上会有一定差别，我们是编辑中心制，以编辑的处理为准。”CPJ027 号受访记者谈到他的稿子被编辑弃用的情况：“我觉得我的稿子是别的媒体没有的信息，但编辑最后还是用了新华社的稿子。”调查访谈的情况显示编辑大幅度改动国际报道的情况并不多见，CPJ001 号受访记者身兼国际报道编辑和记者两重身份，她的经验是：“一般来说国际报道的版面编辑每天都在变化，他们很少改动记者发回的报道，主要的改动起码是部门主任和报社老总级别，对于某些报道角度有改动和建议。”除了个别试图突破编辑思维的记者，大部分空降记者对后期阶段的编辑负责制及其常规做法很熟悉，一般都在写稿阶段就调整了角色定位，用国内编辑的思维去呈现报道内容的角度与框架，这种惯习也是造成空降报道“国内化”偏向的因素。

纵观编辑流程三个阶段，如果前期阶段编辑与记者互动协商不够充分，中期阶段后方编辑指导和服务减少，后期阶段的责任编辑用“本土眼镜”过滤内容，就会造成空降记者在报道过程中的困难和报道内容的偏向问题。

第四节　海外报道的媒介环境

与全球很多地区国际新闻在缩减的趋势相反，中国新闻媒体的国际报道逆势增长，这是中国的经济增长、制度政策和行业语境的发展现状决定的，这些因素超越了记者个体和媒体组织，是影响和制约记者跨国报道的媒介环境因素。在探讨跨国报道的生存风险问题时，已分析过经营压力、预算限制，以及制度与政策变化都可能带来空降报道的生存风险。媒介环境还包括技术因素，技术发展降低跨国报道的成本，推动国际新闻的普及，但传播技术的革新也可能使远距型国际报道取代空降报道。空降记者国际报道的媒介环境，无论是经济因素、政策因素还是技术因素，对于这种报道模式的影响都是双刃剑，既能促进也能阻碍。CPJ033 号受访记者谈到技术手段让自己的一次采访受益：

> 我们尝试接触越南的外商投资管理委员会，要等很久，我们等不起，所以就去了河内，想联系一些学者，但也不行。因为越南离广西很近，商贸往来很多，微信比较普及。于是我就用微信搜，结果发现很多越南人懂中文还有中文名，我就用微信跟他们聊，还真的有人微信就答应出来了，在那里还真的能找到很多人，他们愿意出来和你一起喝杯咖啡，谈谈他们的想法。

微信的普及拓展了信源渠道，这在没有社交媒体工具的时代是不可想象的，但如果设想未来的另外一种可能性，当某种传播技术发展到远距离采访更加普及，远距离沟通技术（例如 VR 技术应用）在声音、视觉和其他感官上都能虚拟身临现场同样的感受和效果，那么派出空降记者去报道是否可能被成本更低、时效更好的远距跨国采访所取代？

因此，虽然目前海外报道的媒介环境是推动其发展的，但构成媒介环境的三种主要因素却是动态演变的。当整体经济发展走低，或是媒体本身的预算削减，又或者相关管理制度或政策忽然改变，都可能给中国记者的国际报道带来不同程度的影响或冲击。对媒介环境因素变化及其影响的分析意义在于，在媒介环境对中国记者国际报道的影响具有不确定性的认识下，更值得探讨的问题是：怎样的海外报道才能具有不易被取代的独特价值？与驻外记者的报道、公民记者的国际报道，以及因技术潜在发展力而可能迅速崛起的远距型国际报道相比，空降报道如何才能体现差异化？只有当这种报道形态本身具有难以取代的特点，才具有抗衡媒介环境因素变化的价值。

第五节　解决路径的理论依据

综上所述，中国记者在国际新闻生产过程中遭遇的困境与问题，与从业者、生产常规和媒介环境三个维度下的各种影响因素相关。不同影响因素出现问题，会导致派出记者在报道过程中产生相应困境。舒梅克的影响因素理论没有针对具体语境与新闻类型，参照舒梅克等人的新闻生产影响因素理论框架，结合本土语境与调查研究，基于本章对于中国记者的国际新闻生产流程及制约因素的分析，更适用于派出记者报道模式的影响因素构成图示如下：

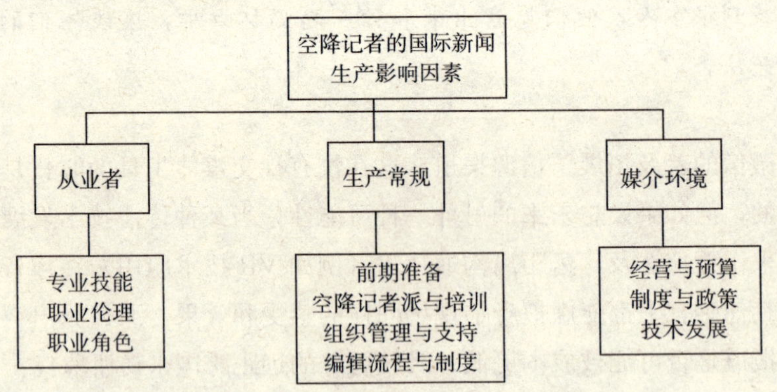

图3　中国派出记者的国际新闻生产影响因素

具有本土报道实践针对性的影响因素分析，不仅用以探究派出记者报道困境与问题的根源所在，更为探讨其解决路径提供了理论参照与依据。基于对空降报道的新闻生产流程分析，如上图所示，从业者、生产常规和媒介环境三个维度下的不同因素影响和制约着中国记者的国际新闻生产，引发和导致空降报道面临的各种问题。从业者的专业技能缺失导致报道过程中沟通不畅、翻译不力、经验不足、资源缺乏、路径困惑等相关问题；海外报道中的敬业程度差异、使用争议性采访手段和是否接受受邀报道资助的伦理争议则根源于从业者的职业伦理问题；从业者对职业角色的认知影响国际报道的议程、角度和框架，从而引发报道偏向问题。

生产常规维度的各影响因素也会造成海外报道生产过程中相对应的不同困境和问题。前期准备不足加剧了中国记者在国际新闻现场语境陌生、资源匮乏的先天“硬伤”，是否进行前期准备及其充分程度决定采访报道过程出现相应问题的程度；当前派出记者选派机制的零散性、随意性与不稳定性对于记者积累跨国报道经验和资源十分不利，少数媒体实行的“固定”空降制度则使空降记者有更多机会丰富其报道经验；缺乏国际报道培训的记者仓促上阵，遭遇各种困境的风险更高；后方编辑部的管理与支持，同样影响着报道的难度与质量；编辑流程的前期阶段编辑与记者互动协商不够充分，中期阶段后方编辑指导和服务减少，后期阶段的编辑负责制用“本土眼镜”过滤报道内容，造成中国记者在报道过程中的困难和报道内容的偏向问题。构成媒介环境的三种主要因素对海外报道的影响是相对辩证且动态演变的，既能推动其发展，也可能阻碍其生存。当整体经济发展走低，或媒体的国际报道预算减缩，又或相关管理制度或政策的改变，都可能给中国记者的国际报道带来不同程度的影响或冲击。

在上述各种影响因素中，报道从业者与生产常规维度的因素属于传播主体内部因素，媒介环境因素则为传播生态外部因素。内部各因素中包含制度性因素和人力因素，二者常常相互影响与作用，例如培训制度的完善能够提升从业者的专业技能。这意味着解决派出记者国际报道的问题要从人力和制度两方面提升与完善，不能仅靠单维度的各种影响因素发生变化。外部影响因素随社会整体的政治、经济、技术环境变迁而改变，不可控程度较高，短期内难以改变传播生态的现状，解决此类因素导致的问题更多着眼于创新报道模式，规避媒介环境因素的制约和影响，最大限度适应传播生态。

综上所述，分析中国记者的国际新闻生产影响因素为解决其问题提供了必要的理论依据，针对三种维度下各要素的影响，探讨解决路径应该基于两种思路：一方面通过完善既有报道生产模式而消除各类问题，对既有模式的改善策略包括从业者的素养提升与生产常规的制度性改善；另一方面通过探索报道和生产模式的创新以最大限度地适应或超越当下的媒介环境。对派出记者国际新闻生产影响和制约因素的研究与分析，厘清引发或导致问题的根源，才可能有针对性地探讨解决问题的可行路径。

第六节　解决路径的探讨

一、从空降记者到国际记者

针对中国空降记者的背景特征与问题所在，推动空降记者从“国内记者”向具备全球视野和行动力的“国际记者”转型，是从报道从业者层面去改善和解决中国记者跨国报道问题的可能路径，推动转型的主要目标包括转变思维模式和重建职业认同。

（一）转变思维模式

从国内现场到国外现场，中国记者需要提升外语能力、沟通能力、突破能力等跨国报道的核心专业技能。专业技能不足在调查访谈中被多位记者提及，也提出各种改善途径，例如通过设置“固定空降记者”的模式增加记者的国际报道经验，通过充分的前期准备、系统化的相关培训与交流弥补资源与信息不足等等。通过中国记者跨国报道的经历积累和媒体机构培训机制的建立与完善，派出记者的专业技能提升假以时日可见成效，但提升跨国报道职业素养更迫切的是思维模式的转型，对于中国记者而言，国际视野与思维的培养更加迫切。

思维模式转型首先需要推动空降记者对于全球视野的认识与觉知(awareness)。思维从业者要熟悉国际报道的发展态势，了解全球化与本土化的互动如何影响新闻报道，随着国内新闻与国际新闻的界限逐渐模糊，中国记者不能固守国内与国际报道操作与思维模式的分野，而要逐渐形成新闻报道的全球视野，并在实践过程中将本土与全球互动付诸行动。当观念、制度与技术提供了新闻生产全球化的可能，更加关键的是从业者视野与思维模式的转变。报道者才是真正推动行业创新与改变的实施者，只有当中国记者们逐步具备了全球视野和思维，才能超越国内新闻与国际新闻的界限与生产模式，分辨不同的国际报道类型，既能发掘国内新闻议题的国际视野，关联国际事件的涉华角度，也能报道去本土化的、全球话语的国际事件。

在意识觉知的前提下，有针对性的思维转型训练是推动中国记者培养全球视野的行动路径。思维训练包括机构层面有组织的相关培训与个体层面的自我提升行动。机构培训主体可以是媒体单位、行业组织、相关社会组织等多方组织，培训内容立足于全球报道所需的业务技能与知识储备，培训方式结合在职继续教育、合作培训项目、论坛讲座等多种形式。机构培训应是有组织的、有针对性的、系统长期的开展，个体层面的路径也是长期的、主动的、多种方式结合的自我提升行动，通过参与报道实践、补充知识储备与开展合作交流等各种手段，逐步拓展视野，转变思维模式。

无论是机构还是个体训练，通过搭建媒体记者、学者与相关产业从业者的三方互动平台，探索三方交流合作、互助互惠、相互学习的机会，是推动记者思维模式转型的有效行动模式。CPJ030号受访记者供职于一家报社国际部，多次空降各国新闻现场报道各类突发、重大及策划国际新闻，常常采访新闻事件相关领域的专家学者，随着中国经济发展与国力增强，国外采访中的中国海外企业、社会组织、各行华裔专业人士等逐渐增多，成为空降记者跨国报道的新增资源。该记者联合国内另外几家媒体的空降记者，共同创建自媒体微信公众账号“全球眼”。该记者同时创建以国际学者、国际记者和相关产业人士为主体的微信群“全球眼国际学者 & 国际记者群”，以此平台为依托，结合线上的交流和线下的活动，实现多方互动互惠，拓展国际视野和资源的交流模式。

加入该微信群的成员包括国内各媒体记者、驻各国驻外记者、国际关系学者、国际政治学者、区域研究学者、新闻传播学者等。2015 年 5 月时逢印度总理莫迪访华，该微信群成员、原新华社驻印记者在群中发布一篇文章《中国企业下一个十年在印度》介绍印度的经济与社会发展现状，引起群里各路记者与学者就中印关系、中日印关系、中国与周边国家地缘政治关系等话题各抒己见，展开讨论，讨论成员包括中国新闻网记者、人民日报评论部记者、新华社驻土耳其记者、日本大学学者、新浪国际编辑、新华社瞭望智库成员等。

除了线上交流，该微信公号及微信群还不定期组织线下主题聚会、沙龙、论坛等活动，促进各方交流学习。例如，2015 年 5 月 16 日，“全球眼”联合暨南大学中印比较研究所共同主办“印度投资的机会和风险”讲座，围绕“中印关系现状如何？印度对“一带一路”有何反应？印度的政治经济和社会文化环境如何？印度在新形势下有哪些投资机会？需要考虑哪些风险因素？”等话题，邀请暨南大学教授、印度投资咨询专家、《南华早报》印度籍财经编辑及香港中文大学国际关系学者等多位人士做主题演讲，为到场记者、学者与产业界人士提供互动机会[①]。讲座当日笔者到场参加和观察，暨南大学学者首先就中印关系历史与现状做出较为宏观的介绍，企业咨询专家就印度投资机遇与风险以及中资企业在印投资现状进行具体说明，印度记者从印度媒体如何报道中国以及企业媒体战略展开探讨，香港中文大学学者就中印交流提出建议。通过微信公号提前报名的与会人员包括学者、记者和对印度有投资意向的企业代表，针对各自关注的问题与演讲者进行讨论。这次线下活

① 微信公众账号“全球眼”2015 年 5 月 13 日发布该讲座信息。

动，无论从嘉宾构成、讲座内容和观众背景，都实现了记者、学者和产业人士的互惠交流。

作为“全球眼”微信公号的发起人之一，CPJ030 号受访记者表示，在多年海外报道经历以后，他和同行们希望建立这样一个传媒界、学术界与实业界的互动沟通平台，让各方通过这个平台互惠互利，记者借助同行和学者的经验智慧提升国际视野与知识储备，学者通过与业界交流有益于理论研究，企业家通过信息咨询获悉投资机遇，减少海外发展的风险。CPJ030 号记者的尝试为记者个体层面如何进行自我提升提供了一种行动模式，在参与跨国报道实践之外，通过跨界的互惠交流逐步完成思维转型，从国内记者过渡为具有全球视野的国际记者。

（二）重建职业认同

部分中国记者在跨国报道中所出现的不敬业、违背职业伦理的做法，以及职业角色认知多样、多变的问题，都与职业认同有关。在调查访谈中对比中外记者的异同，很多记者都提到外国记者的年龄、经验、专业程度和敬业程度，与中国记者的年轻、缺少经验、不够专业和敬业形成对比，从二者的差异可窥见中国记者们的职业认同现状。

> 在外国电影节现场可以见到白发苍苍开着苹果电脑写稿的老爷爷级别的记者，外国驻外记者也大多数是经验丰富的老记者，中国连老记者都不多，更别说能出国采访的老记者了。（问卷 19—某周报记者）
>
> 中国记者更新换代快，有经验的很难一直坚守一线，有心做，待遇也没有上去，国外的老记者很多，他们的经验和沉淀才是新闻采访的宝。（问卷 3—某省级电视台记者）
>
> 中国媒体界记者几乎全部是年轻人，有冲劲，能吃苦，但专业经验和看问题的角度难免浅薄，在我所在的娱乐文化新闻领域，三十岁以上的记者已经常常不好意思出外采访，因为身

边全是年轻人，记者到了一定年限，在专业上刚刚成熟，就要考虑转行或转管理，而外国记者普遍年纪较大，专业积累深厚，令人羡慕。（问卷13—某都市报记者）

国内记者吃青春饭多，用人单位讲究低成本，不愿培养专业人才，跨国报道几乎都是随时抓人，即便有一线的优秀记者往往最后回到行政岗位，达到人生的荣誉满足，国外记者更有专业性和连贯性，中外记者不同，不在于语言、思维、采访技巧等基本素质，而在于视野和历练的长短不同。（问卷37—某市级党报记者）

上述描述反映出中国记者的职业认同与职业地位在社会中显著下降，赵云泽等人认为这种下降的重要原因之一是记者的“自我认同“贬斥与“社会认同”错位，记者的自我认同从“无冕之王”滑向“新闻民工”，记者的“社会认同”总在“舆论监督者”、“客观记录者”、“宣传者”、“社会建设参与者”的角色中纠结与调和，自我与社会认同的错误导致职业地位下降，职业伦理下滑等系列问题[①]。空降记者的职业角色多样、多变的现状，也与这种职业认同的“错位”相关。受访记者们对职业认同感降低进行分析，认为中国新闻行业的现行人事制度、薪酬与福利制度导致中国记者到一定年龄后就面临职务升迁和收入增长的瓶颈和困境，逐渐形成一定年龄后还始终坚持在一线做记者就意味着职业发展失败的“耻感”共识，因此“老记者”们纷纷转型跳槽，留在一线的始终是经验不足的年轻记者。

当国内记者成为空降记者，一方面记者们沿袭了国内记者的职业认同“错位”与“耻感”造成的职业操守下降，另一方面又目睹了“白发苍苍开着苹果电脑写稿”的外国记者及其敬业与专业，在跨国报道中的

---

① 赵云泽，滕沐颖，杨启鹏，解雯逝：《记者职业地位的陨落：“自我认同”的贬斥与“社会认同”的错位》，《国际新闻界》2014年第12期。

对比对中国记者形成一定冲击，上述调查中的观点正是在这种对比冲击下，记者们对中外记者职业认同差异的觉知与反思。作为国内记者所具有的职业认同“错位”与作为空降记者的中外对比“冲击”还尚未消解，对于中国记者国际报道的批评就已潮水般涌来，这对刚刚进入国际报道跃跃欲试的空降记者又增添一种压力，使中国记者的社会认同进一步下滑。在职业认同“错位”、“冲击”和“批评”的三重作用力下，易于产生身份与认同危机（identity crisis），自我身份与职业角色失去了方向，内心出现冲突与不安，伴随心理焦虑与思考，在访谈中不少记者表露了职业认同危机引发的不安与反思。空降记者们职业角色与功能认知的多样、多变性，也在一定程度上反映了职业认同危机的存在。

职业认同危机需要消解，空降记者一方面尊重并期待可以像外国记者一样专业、敬业，可以在报道一线跑到老，另一方面又缺乏坚定鲜明的职业认同，甚至自嘲为“新闻民工”，出现希金斯所说的“自我不一致”（self－discrepancy）现象，即我们希望成为什么人与实际上是什么人之间不一致，当这种不一致差异过大，记者们往往诉诸“自我贬损”的方式来缓解心理焦虑与认同危机①。另外一种消解认同危机的方式是“偏向性归因”，即背离正规的推断规则，把成功归因于个人因素，把失败归因于环境因素的“利己主义归因偏向”（self－serving bias）。利己主义归因偏向是心理学中不同归因偏向的一种，当人们未能达到社会期望时，他们倾向于通过强调外部不可控的原因来缓解自身的责任②。因此，记者们往往将职业认同危机归因于各种体制问题，例如人事制度、薪酬制度、培养制度等方面造成人才流失与“老记者是失败象征”的耻感职业认同。

那么，是否仅仅通过人事与薪酬制度改善就能改变中国记者的职业价值认同呢？即使在其他一些国家，例如美国和英国，记者并非高收入

① 单波：《跨文化传播的问题与可能性》，武汉大学出版社2010年版，第137—139页。

② 刘永芳：《归因理论与人力资源管理》，上海教育出版社2007年版，第47页。

阶层，在主流社会认知中也不能与医生、律师、金融业人士等行业一样对等精英化，人事薪酬的改善并不能保证对职业价值的共识与认同。即使在其他外部条件都得到改善的前提下，空降记者是否能与医生、律师等专业程度较高的群体一样，具有专业人士对本职业所应有的职业认同？对归因效果论的研究表明，把失败归因于相对稳定难以改变的因素（比如外部环境），人的行为改变会比较消极，而归因于自身努力不够等不稳定因素，则会产生内疚等情绪，从而刺激改变和努力。这就意味着倾向外部归因虽然保护了个体的自尊与自信，但高估了个体能力，降低了学习和提高的机会。因此，人力资源管理的共识是外部环境改善与外显激励固然能够提供工作积极性，但更需要内隐激励，通过改变归因的方式，消除归因偏差，采取精神激励的办法来激发积极改变的行为[①]。所以，仅靠改善与空降记者有关的制度等外部体系，不足以保证从业者在职业认同的内部因素推动下自我完善和转型。

现代管理心理学中赫茨伯格的“双因素论”对于通过重建职业认同来推动报道从业者转型具有借鉴意义。该理论认为个人的工作动机与行为影响因素有两大类，一类因素是从“不满意”到“没有不满意”的因素，包括政策、后勤、工资、保障、人际关系等外部因素，而影响员工从“没有不满意”到“满意”的激励因素（motivation factors）包括成就、工作成绩的承认、工作本身的吸引力，责任、价值感和事业发展前途等[②]。双因素论同样说明只改善外部条件不足以调动员工积极性，要刺激内部的激励因素才能激发最根本的改变。将双因素理论应用到空降记者的转型路径，需要在改善空降记者所指出的制度性不足之外，通过改变归因偏向，审视空降记者自身的不足，推动职业认同的重建与共识。

在消除归因偏差的基础上，中国记者需要通过积极参与跨国报道实

① 刘永芳：《归因理论与人力资源管理》，上海教育出版社 2007 年版，第 115—125 页。

② 刘永芳：《归因理论及其应用》，上海教育出版社 2010 年版，第 309—311 页。

践，形成空降记者的“实践共同体”，在参与过程中逐步重建职业认同。在职业认同建构研究领域，社会学家温格（Etienne Wenger）的实践共同体理论对于空降记者重建职业认同具有启发意义。温格认为认同本质上是在各种关系上建构发展的，参与实践是人们在学习中建构认同的基本过程，“实践共同体”是为了共同目的而形成的团体，共同体成员通过实践过程中的参与、互动、协商、学习产生连续不断的认同建构，形成动态发展的过程。温格提出实践共同体的三种归属模式：参与（engagement）、想象（imagination）与结盟（alignment），参与模式直接经历共同体的实践，想象与结盟模式则突破了时空限制，想象尝试建立新的共同体关系并从中构建自我认同，结盟通过合作进入某一更宏观的结构和事业[①]。

对中国记者产生影响的主要实践共同体为其平时工作所在的机构共同体和空降报道时形成的跨国报道记者共同体。空降记者在这两种共同体的实践模式都包含参与、想象与结盟方式，在各自媒体组织构成的机构共同体中，通过国内新闻报道直接参与共同体，通过对记者职业角色、功能、价值等不断变化的动态认知建构职业认同。在空降任务期间通过跨国报道参与实践，通过与各国记者竞争与比较对“中国空降记者”的身份认同进行区别、想象与构建，通过加入国际记者中心（international center for journalists－icfj. org）等全球记者合作交流平台，对“国际报道记者”的身份认同进行区别、想象与构建，在实践中逐步完成从国内记者、中国空降记者到国际报道者的职业身份与认同的参与、想象、结盟和构建。在纠正归因偏差基础之上，通过上述实践共同体的学习与互动，了解自身在专业技能方面的不足，以及职业认同的危机，是促进职业角色、功能与价值体系探讨和职业认同重构的有效途径。

---

① 刘熠：《叙事视角下的大学公共英语教师职业认同建构研究》，外语教学与研究出版社 2011 年版，第 22—26 页。

中国记者国际报道的种种困境，都与专业技能、职业伦理与职业角色等从业者层面的影响因素有关，通过机构与个体的思维转型训练转变思维模式，通过纠正归因偏差与参与实践共同体重构职业认同，是促进从业者从国内报道者向国际报道者转型，提升空降记者职业素养，消解相关困境的解决路径之一。

二、优化跨国报道机制

解决生产常规与媒介环境方面的问题，仅靠提升记者的职业素养还不够，机构化偏向需要制度革新来改善。针对目前跨国报道生产常规的问题，优化跨国报道机制包括报道生态与报道机制的完善与建立。

（一）完善跨国报道生态

报道生态环境的完善有赖于预算与报道经费来源的多元化、国际报道规制的专业化、技术支持的普及化。较之全球范围内国际新闻的缩减趋势，中国新闻媒体对海外报道的投入逆势增长，越来越多媒体派出记者参与跨国报道，在媒体预算有限的情况下，记者们也通过企业赞助、机构邀请或组织合作等方式解决报道的经费来源问题。但是，目前的报道经费来源结构仍未能满足快速增长的跨国报道需求，记者们在调查和访谈中均提及经费困难导致跨国报道的生存危机与质量问题。另外，部分机构赞助、邀请和合作的国际报道，又存在特定诉求或商业因素影响报道客观性的伦理争议。解决经济因素给跨国报道带来的生存风险问题，扩展多元化的经费来源渠道是完善经济环境的路径之一。

在继续发展“非媒体”组织的经费来源之外，允许更多渠道，例如更多专注于传媒发展或其他性质的非营利性组织、有志于参与国际报道的公民个体等提供报道经费，鼓励没有或较少报道诉求的来源渠道可以规避报道伦理方面的争议性。例如，在2015年尼泊尔地震报道中，国内的非营利性组织“安平公共传播公益基金会”招募并资助新京报等媒体的记者赶赴尼泊尔报道，并在加德满都建立媒体报道大本营，为前去报道的中国记者提供各种协助。报道结束后该组织在成都举办尼泊尔地震灾难报道记者工作坊，总结社会公益组织资助媒体记者国际报道的有效模式，并为其非洲援助报道项目招募和资助记者做准备[①]。

多元化的、充足的经费来源是保证国际报道存在与发展的前提之一，规制管理的专业化则是完善报道生态环境的另一保证。当国际报道既受到“国际”因素（国际关系、外交政策、国家安全、国家利益等），又受到“国内”因素（国内各种宣传要求与规制）的影响，报道内容、角度和立场被制约，新闻生产的品质与专业度受到影响，导致信息发布的延迟或缺失、新闻采集的限制以及报道内容的偏向，最终影响中国新闻媒体国际报道的传播效果与国际公信力的建立。如何使跨国报道享有更合理的管理环境，保证信息公开、透明与自我纠错，同时又遵循必要的跨国、跨文化新闻规范，需要更加科学的、专业化的规范制定与管理模式。在经费与规制环境改善的同时，普及和投入对国际报道的技术支持，加大投入提升装备，选择规划最适合的技术和传播手段以达到最理想的生产和传播效果，改善报道的技术环境。

（二）建立跨国报道机制

跨国报道生产机制的建立完善包括国际报道形态与题材的多样化，以及报道机制的项目管理化。针对中国新闻媒体的现实语境，形态和题材的多样性意味着扩展国内新闻生产的国际化视野，关注被媒体所忽视或遮蔽的国际新闻议题。实际上，拓展国际报道的经费渠道在一定程度上推动了报道形态与题材的多样化，无论是非营利性组织资助或组织的国际报道，还是公民个体进行的国际报道，都在呼吁关注被媒体忽略或遮蔽的新闻议程。因此，推动国际报道形态和题材的多样化，不仅意味着媒体自身的改变，还应当发展社会组织推动的报道类型作为传统国际报道形态和题材的补充，打破媒体机构对国际报道的包办。正如经济改

---

① 《NGO资助记者能否成为趋势?》，安平基金微信公众账号，2015年5月27日。

革打破垄断放开市场竞争一样，允许和鼓励国际报道领域的多样化共存和竞争，通过传播效果和市场检验，带动国际报道形态与题材多样性的发展。

从新闻报道发展的角度来看各种类型的社会机构自主报道国际新闻的意义，在于经费来源的多样化、报道主体的多样化、报道形态的多样化与报道议题的多样化。鼓励报道形态与题材的多样化发展，为空降记者的国际报道怎样才能区别于通讯社的国际报道，怎样才能解决生存风险的问题，提供了一种值得思考的解决路径。正如一些受访记者所提出的观点，地方媒体没有必要一窝蜂跟着通讯社去做所有的突发重大国际报道，要开辟自己的领地，避免同质化、保持独特性的方式在于深度挖掘本地新闻、国内新闻，站在国际的视野上去对比、分析和调查。地方媒体的国际报道重心转向“国内新闻的国际化”，即以国际的视野来报道国内新闻议题，融合本土与全球，不仅是国际报道发展的一大类型，也使空降型跨国报道具有不易被取代的价值。

国际报道生产机制的建立完善还包括报道机制的项目管理化，在本次研究的调查访谈中，记者们均提到国际报道的困境之一在于后方支持与团队作战的匮乏。在马航报道中，也只有极少数受访媒体（如《21世纪经济报道》）报道此类重大突发国际事件时启动项目化的管理机制，成立专门团队负责报道规划，对报道过程提供管理支持，事后进行分析总结。无论是突发、常规或是策划国际报道，跨国、跨文化报道的特殊场域都意味着记者面临比国内报道更多的挑战与难题，需要更全面的协助支持，团队工作与项目管理机制更加适用于空降型国际报道。在记者自身的专业能力之外，报道机制创新能够提升国际报道的效率与质量，以团队和管理的力量帮助空降记者克服国际报道的多重困难。

三、报道模式的创新与变革

促进从业者转型与优化跨国报道机制的解决路径均立足于完善既有报道模式，另一种路径则是通过创新和践行新的报道和生产模式来规避或解决部分问题，例如远距型跨国报道规避预算不足问题，使用自由撰稿人报道可以减少来自机构的生产常规制约因素等等。利用公众资源与智慧进行国际报道合作生产的几种模式，也为解决空降报道的问题提供了创新的思路。

（一）众包新闻（Crowdsourcing Journalism）

结合互联网技术的发展与移动工具的普及，众包（crowdsourcing）和众筹（crowdfunding）国际新闻成为一种改变现有生产模式的创新实验。众筹的概念来自于众包（crowdsourcing），2006年互联网杂志《连线》的主编杰夫·豪在其著作《众包：大众力量缘何推动商业未来》中使用“众包”来解释一种新的商业模式：企业利用互联网发现创意并将工作分配外包。众包有四种类型：集体智慧（crowd wisdom）、集体创造（crowd creation）、集体投票（crowd voting）和众筹（crowd funding）[①]。众包模式与新闻行业的结合主要体现UGC（用户生产内容）的发展模式，例如受众提供视频、音频资料、报道线索等等。随着移动终端设备普及程度的不断提高，自媒体的迅速发展，用户成为发布者，自主选题、生产内容与编辑发布，更加体现了众包模式对于集体创造的利用。

众包模式与新闻媒体结合的新发展在于媒体机构或其他组织邀请受众直接参与新闻生产的过程，这种实践出现在全球各国。英国《卫报》通过网络邀请读者共同调查英国议员的消费情况，拉脱维亚的一个网站发起了对当地取暖费和学费的众包调查；美国的非营利调查新闻网站Propublica发起了对美国2012年大选电视广告花费的众包调查；肯尼亚“目击者”（Ushahidi）网站通过众包调查模式来了解叙利亚内战的真相等[②]。

一项研究指出新闻众包模式产生的必要条件如下：其一，业余爱好

① 杰夫·豪：《众包：大众力量缘何推动商业未来》，牛文静译，中信出版社2009年版。
② 腾瀚：《众包新闻：未来新闻报道中的一匹黑马》，《传媒观察》2014年第8期。

者阶层的出现，即专业从事业余工作的生产者形成（网友与自媒体的发展）；其二，生产方式由封闭独占向开放共享的转变（网络新闻生产从信源、采集、制作和发布都具有开放性）；其三，生产工具的民主化（互联网以及移动智能设备的普及）；其四，有效的生产组织模式——社区（网络和自媒体平台在无序中也能形成某种有效协作行为与短期集合群体）[①]。新闻众包打破了媒体对新闻内容的控制，是新闻报道模式的一种根本性变革与创新。从传播者层面来看，众包新闻的新闻把关要素产生了变化，组织机构的影响力下降，“把关”层级减少和组织“把关效度”降低使不同价值取向的新闻得以传递；在传播内容层面，公众参与信息采集活动能够帮助建立信息的“自由市场”，满足受众多样化的信息需求；在传播生态层面，公众参与度的提高将会导致媒介与公众、媒介内部、媒介与社会之间关系的革新，推动形成更加多元性、参与性、公开性、开放性的媒介环境[②]。

（二）众筹新闻（Crowdfunding Journalism）

作为众包的一种重要类型，众筹新闻始于2008年美国新闻众筹平台Spot Us的上线，以及2009年全球著名综合众筹网站Kickstarter等平台开展新闻项目众筹。众筹新闻模式指新闻机构、各类组织、媒体记者、自由撰稿人等通过自媒体、电商平台、众筹网站等渠道发起新闻众筹项目，筹集一定数量的资金捐助，完成报道并为捐助者提供某种方式的回馈，回馈方式包括与发起者见面、讨论报道、参与制作等。2014年，共有330万赞助者通过众筹平台Kickstarter捐助2万多个众筹项目，捐助总额达到5.29亿美元。其中新闻项目作为15个分类之一，成功项目158个，众筹资金共190万美元[③]。新闻众筹平台在全球各国出

---

① 李亚玲：《畅想“众包”模式下的“新闻共产”》，《新闻爱好者》2013年第6期。

② 李永玖：《众包概念下的互联网新闻信息　采集模式、影响与未来》，《东南传播》2015年第2期。

③ 王武彬：《2014众筹平台上最火新闻项目！凭啥给它100块》，腾讯新闻微信公众号《全媒派》，2015年1月13日。

现，发展迅速。

中国的新闻众筹始于2009年底众筹网新闻项目的开展，该网站邀请一些科技或时尚领域的媒体人，在众筹网上发起项目，早期筹款成功的包括《21世纪经济报道》记者侯继勇发起的《成都创业者生存环境调查》、《21世纪商业评论》记者罗东发起的《杭州：动漫之都的升级与转型调查》以及科技博主信海光发起的《中国手游圈访谈》等项目，这三个项目的筹款金额分别是3400元、6000元和3000元。在此之前一些媒体人或独立撰稿人则选择通过淘宝、微博或微信公号等平台独立发布众筹选题，例如曾供职于多家媒体的自由记者刘建锋通过微博和博客贴出《独立记录者诚征后援》计划书，并开设淘宝店铺，以100元为单价出售总计2500份的优先“阅读权限”。《中国财富》记者宋志标等人则选择了通过个人微信公共账号进行众筹①。

调查报道与国际新闻是最适合众筹的报道类型。知名众筹新闻网站Contributoria的联合创始人莎拉·哈特雷（Sarah Hartley）就表示国际新闻越来越稀有，但新闻众筹网站就喜欢具有国际视野的观点②。在已经获得捐助成功的新闻项目中，也不乏国际报道项目。在Kickstarter的新闻众筹子项目中，2013年最引人注目的成功项目来自传统媒体NPR（美国国家公共广播电台）的一项跨国报道策划选题：记者追踪一件T恤从棉花到销售的全球之旅，并以视频、图片、文字、图表等形式组合的方式在网站上呈现。14天的筹款期内，超过两万人共捐助59万美元，是其筹款目标的十倍以上③。记者发起的其他成功选题包括阿富汗采访，该记者对此项目的说明是西方媒体记者通常通过嵌入美国和

① 陈中小路，刘韵珊：《“新闻众筹”的中国实验》，《南方周末》2013年12月6日，见http：//www.infzm.com/content/96452。

② 《两大众筹新闻网站：未来谁为新闻买单?》，腾讯新闻微信公众号《全媒派》，2014年10月20日。

③ 陈中小路，刘韵珊：《“新闻众筹”的中国实验》，《南方周末》2013年12月6日，见http：//www.infzm.com/content/96452。

北约军队到阿富汗采访，报道不够准确，记者希望得到资助亲赴阿富汗进行独立报道，在那里居住一段时间，采访当地的居民①。

针对空降报道各层面的困境，众包和众筹新闻的生产模式能够改善、规避或解决部分问题。在报道从业者方面，首先，众筹方式增加了国际报道主体的多样性。据调查，美国和其他国家众筹新闻发起者多数为公民记者、自媒体、自由撰稿人、传统媒体、非营利组织等，发起人背景更加多元。而中国的发起人多为具有一定知名度的媒体人或曾在媒体工作过的自由撰稿人②。从理论上讲，任何个体或机构都可以通过自媒体或众筹平台发起跨国报道项目，众筹新闻模式为非媒体组织与个体提供了参与跨国报道的可能性和平台。其次，众筹新闻为媒体从业者提供不同于传统媒体机构的机会与经验。在美国新闻众筹平台 Spot Us 上发起报道项目的记者们表示，通过众筹方式报道比传统方式拥有更多自由，在新的报道模式中学习和提高职业技能，这种平台对于记者而言就像是个人事业的“研发实验室”③。发起众筹的中国记者们也表达了类似的“实验”想法，新闻评论出身的宋志标称自己通过自媒体平台众筹的做法是起于崩塌的传播旧格局下的“写作上的实验”。另一位记者也表示他并非缺钱，但希望实验一下众筹这条路能否走通④。

第三，众筹新闻将对国际报道从业者的职业角色与认同带来新的转变和影响。在众筹的平台上，发起项目的记者比传统模式多了一种角色，就是公开发起报道议题和招募资金捐助。记者与捐助者之间直接产

---

① Hunter A.，“Crowdfunding independent and freelance journalism：Negotiating journalistic norms of autonomy and objectivity”，*New Media & Society*. Vol. 17，No. 2，2015，pp272—288.

② 冯广圣：《长尾理论视域下“众筹新闻”现象研究》，《新闻界》2014 年第 12 期。

③ Aitamurto T.，“The impact of crowdfunding on jounalism：case study of Spot. us，a platform，for community — funded reporting”，*Journalism Practice*，Vol. 5，No. 4，2011，pp429—445.

④ 陈中小路，刘韵珊：《“新闻众筹”的中国实验》，《南方周末》2013 年 12 月 6 日，见 http：//www. infzm. com/content/96452。

生联系，不仅使记者产生一种回报感，更形成一种有别于专业责任的，对捐助者的直接责任感，这种责任感往往比对媒体机构的责任感更加强烈①。众筹模式给记者的角色与职业认同增加了新元素，对于改变空降记者多样、多变的职业角色与错位的职业认同，能够产生一定影响。当空降记者通过众筹方式去完成国际报道时，对发起报道项目的使命感与对捐助者的责任感能暂时减弱供职媒体的性质与定位对于记者职业角色与认同的影响，从而形成暂时相对单一和稳定的职业角色与认同，即完成自己发起的报道，对捐助者有所交代。

在生产常规方面，众筹新闻模式削弱了传统模式中媒体组织对新闻生产的控制，形成了“去中心化”、“去机构化”的生产模式，这种模式的影响体现在新闻生产过程的各个环节。实际上，众筹新闻模式的意义并非仅仅在于通过网络平台筹集资金。只有获得受众关注和支持的选题才能成功获得捐助，而这些选题常常是传统媒体机构忽略的、遮蔽的、不适宜的，抑或是因为预算问题而搁浅的报道议题，因此在新闻选择环节，众筹新闻削弱了媒体机构的议程设置影响力，增加了报道选题的多样性。获得捐助的记者或其他主体在完成项目的过程中会对捐助者公开和更新报道进程，保持与捐助者的沟通，甚至在发起项目时邀请捐助者捐助“才能”（talents），或以见面和商讨项目作为对捐助者的回报，通过上述方式让捐助者参与和影响报道过程。在报道出版环节，一些新闻众筹平台还试图帮助项目发起人在众筹网站或通过其他渠道发表报道。

因此，众筹新闻实质上是一种通过“众筹”资金从而“众包”报道的新闻生产方式的革新，捐助者成为报道的“共同生产者”，新闻成为集体智慧（crowd wisdom）的共同创造（co－creation），众筹新闻是一

---

① Aitamurto T.，“The impact of crowdfunding on jounalism：case study of Spot. us，a platform，for community－funded reporting”，*Journalism Practice*，Vol. 5，No. 4，2011，pp429—445.

种“参与式”新闻生产方式的革新，一种集体智慧的汇聚模式[①]。众筹新闻也被视为将受众引入生产过程的一场运动（movement），在技术提供的可能性下，受众通过提供图片、视频，评论新闻，提供建议和分析，开设博客等多种方式加强了生产过程的参与度[②]。通过将新闻生产从媒体主导的机构生产转变为公共参与的社会生产，众筹新闻有效规避了空降报道现有生产模式中的机构化控制与偏向。

在媒介环境方面，众筹新闻模式最大限度地结合了互联网技术与新闻创新，也解决了经营与预算压力给空降报道带来的风险问题。众筹新闻是互联网时代的产物，发起人通过不同类型的众筹平台在网上发起新闻项目，捐助人通过网络进行选择与捐助，发起人与捐助人在项目实施过程中保持互动。众筹新闻生产过程的每一个环节都是在互联网技术的支撑下得以实现，在众筹新闻发展的过程中，互联网技术的不断革新还使众筹新闻在技术操作上对用户更加便利，客观上推动更多捐助者进行众筹操作。例如，一位博客作者 2011 年使用众筹方式，当时网络支付软件支付宝尚未开放个人收款插件，读者付款非常麻烦，该作者一年仅收到了 41.18 元[③]。支付便利程度并非决定捐助成功与否的唯一因素，但网络支付技术的日益完善在推动电子商务行业迅速发展的同时，也对众筹新闻的用户捐助行动具有积极的推动作用。

众筹新闻对空降报道面临的预算风险则有更加直接的意义。国际报道开支较大，一些策划选题常因经费问题搁浅，这种风险通过成功众筹就能解决。在知名众筹网站 Kickstarters 平台上发起众筹的新闻项目

① Aitamurto T.，“The impact of crowdfunding on jounalism：case study of Spot. us，a platform，for community－funded reporting”，*Journalism Practice*，Vol. 5，No. 4，2011，pp429—445.

② Hunter A.，“Crowdfunding independent and freelance journalism：Negotiating journalistic norms of autonomy and objectivity”，*New Media & Society*，Vol. 17，No. 2，2015，pp272—288.

③ 陈中小路，刘韵珊：《“新闻众筹”的中国实验》，《南方周末》2013 年 12 月 6 日，见 http：//www. infzm. com/content/96452。

中，国际报道项目获得成功并不罕见。目前正在发起的项目包括非营利性公民新闻志愿者组织“俄罗斯内线”（Russia Insider）发起的独立报道俄罗斯项目，拟在 2015 年 4 月 19 日前招募 2 万美金捐助，截至 2015 年 4 月 16 日，已有 655 名支持者共捐助 33498 美元，提前超额完成招募额度。

已经成功众筹的国际报道项目还包括美国独立记者、自由撰稿人泰德在 2010 年 4 月发起“送泰德到阿富汗报道真新闻”项目，成功招募 25000 美元资助泰德在阿富汗居住、采访、报道和著述，2013 年 11 月该记者的著作已经出版。另外一项成功众筹的项目是 2011 年由几位不同国籍的记者合作发起的“巴勒斯坦开讲：加沙与约旦河西岸纪事”（Palestine Speaks：Narratives of the West Bank & Gaza）报道策划，计划筹募 7500 美元资助记者赶赴巴勒斯坦采访报道普通人的生活与当地文化，成功获得 138 名捐助者共 8471 美元资助。在项目说明中，发起人对报道的设想为：“作为记者，我们希望能超越常与该地区关联的政治操纵与宗教冲突，去报道普通人的生活。”（Our goal as reporters is to go beyond the political maneuvering and religious tension so often associated with the region and reveal the lives of everyday people.）[①]上述众筹国际报道项目均来自美国 Kickstarter 众筹平台，在其他各国众筹新闻平台上也不乏对国际报道项目的发起与捐助。这些预算不菲的项目通过众筹都成功解决了资金问题，对于中国记者无疑是值得借鉴的途径。

（三）众智新闻（Crowdwisdom Journalism）

众包与众筹新闻均为互联网技术与新闻革新的探索，在解决一部分问题的同时，也产生一些问题。首先，规制与监管问题，传统新闻生产各国都有相对成熟的监管制度，众包与众筹这类新兴模式如何有效监

① 所引众筹案例均来自 Kickstarter 官网的新闻众筹项目。https：//www. kickstarter. com/discover/categories/journalism? ref=discover _ index。

管？在中国传媒体制语境下，新闻有准入制度，媒体机构和记者需要资质，个体和非媒体组织发起新闻众筹项目存在规制风险。脱离了机构生产程序的制约，众筹新闻的内容边界不易控制，选题的安全性是由众筹平台负责？还是由内容发布者负责？双方并没有清晰的界定。其次，新闻自主性与客观性问题。捐助新闻是否可能变成有偿新闻？由于捐助人身份的隐匿性，难以确保捐助人是否为选题的利益攸关方，抑或是否可能通过捐助影响报道的角度与倾向。捐助者参与生产过程既可能为报道带来新的线索和角度，也可能对发起人的自主性带来挑战。

2013年的一项研究表明，捐助者和记者通过众筹“共同生产”新闻，但当捐助者和记者对报道的期待和判断不一致时，这种共同生产过程就会产生困难①。美国和加拿大一些众筹成功的记者表示，分散捐助者对新闻报道自主性的影响比基金资助更小，一般不会朝向单一的方向，但众筹形成的对捐助者的责任，以及过程中捐助者的参与方式，对自主性都是一种挑战②。基于上述问题，众筹新闻可能“变成迎合捐助者的新闻生产方式，同时还存在运作模式和合法性边界尚不清晰、公众新闻消费习惯尚待改变等问题。”③ 这些问题导致众筹新闻的发展并非一帆风顺。在国内，虽然众筹网新闻项目避开尖锐题材，但在上线一个月后被改为“资讯”项目，到目前已经没有开设新闻项目，只有“出版”项目，主要发起文化出版众筹。在国外，最早创立新闻众筹平台的网站 Spot Us 也已经停止运营。

Spot Us 解释其结束运营的原因包括：新闻众筹网站难以找到持续和规模发展的营利模式；新闻众筹项目的资助额度较小，捐助者很多是

---

① Aitamurto T.，“Balancing between open and closed：co—creation in magazine journalism”，*Digital Journalism*，Vol. 1，No. 2，2013，pp229—251.

② Hunter A.，“Crowdfunding independent and freelance journalism：Negotiating journalistic norms of autonomy and objectivity”，*New Media & Society*，Vol. 17，No. 2，2015，pp272—288.

③ 陈中小路，刘韵珊：《“新闻众筹”的中国实验》，《南方周末》2013年12月6日，见 http：//www. infzm. com/content/96452。

项目发起人的家人朋友，缺乏社区参与者；很多捐助者未能保持对项目的关注，捐助行为缺乏持续性；新闻项目的失败比例比其他项目的平均失败比例更高等等。但是，关闭了众筹服务的 Spot Us 网站并没有结束对公众参与新闻创新的探索，Spot Us 变成了 Public Insight Network（公共洞见网络 PIN），从为新闻提供资金帮助的众筹模式转变为利用公众智慧参与新闻生产的众智模式。新的 PIN 平台与全球各国媒体与记者建立联系，目前已有约 66 个新闻编辑室的大约 511 名记者成为 PIN 网络的注册媒体用户，大约 218639 名公共用户成为注册智库成员，PIN 为记者与智库搭建沟通与合作平台，双方均可发布或发起新闻选题，智库成员根据媒体选题的相关性提供线索、思路和其他协作及帮助，记者根据智库成员背景选择合适的采访、咨询和协作对象，双方通过网络和线下渠道的沟通、交流和协作，以公共资源和智慧推动新闻的良性发展。[①] 众智模式规避了新闻众筹模式资金因素的影响，是众包模式中利用公共智慧的类型。

虽然众包、众筹和众智模式仍然存在各种问题，还处在不断探索的阶段，但从生产模式维度进行变革和创新的解决路径值得尝试与探讨。并且，相对于国内新闻议题，跨国报道在国际众筹与众智平台上成功发起项目的可能性更大。目前国内众筹平台已经取消新闻众筹项目，也没有建立专门的新闻众筹或众智网络平台，仅有上海报业集团推出的“界面”新闻客户端与新华社新媒体部打造的“我在现场”新闻客户端在尝试用户生产内容（UGC）的功能，实现较浅层次上的众包（crowdsourcing）模式。但在国际层面，除了 Kickstarter 和 Indiegogo 两个知名综合众筹平台，Public Insight Network 众智平台，还有各国自建的类似平台，面向全球新闻项目发起人。这些国际平台均可成为中国空降记者或独立报道者发起跨国报道项目或寻求用户共同报道的渠道。

---

① Publich Insight Network 官网 https：//www. publicinsightnetwork. org/。

新闻报道的困境与问题，不仅仅是从业者层面的问题，也是生产常规、媒介环境维度的问题。本章参照舒梅克等人关于新闻生产影响因素的理论模型，进一步分析中国空降记者的国际报道面临的困境属于哪些层面的问题，是什么环节的因素导致了这些困境与问题。参照这种具有广泛适用性的一般理论，结合对中国记者国际报道的具体调查，对一般理论加以修正，从从业者、生产常规和媒介环境三个维度的不同要素分析空降报道新闻生产的影响因素，使之更适合于分析中国语境下海外报道的问题与困境，并将之作为理论依据探讨完善和解决问题的可能路径。

针对问题的不同层面，完善中国媒体的海外报道从两种解决路径探讨，第一种路径针对海外报道现有实践模式进行改善，从微观的从业者职业素养提升到中观的报道机制完善，将中国记者亟待改善的问题作为重点，从从业者通过思维转变与职业认同重构完成国际化转型，到优化海外报道的管理机制与模式，为解决空降记者跨国报道的困境与问题提供参考。第二种路径探讨海外报道的创新模式，试图通过生产模式的革新去解决现有模式所存在的从业者、生产常规和媒介环境三个维度的问题，新闻众包、众筹与众智模式有助于中国记者解决资金短缺困难；通过尝试用户共同生产（co－creation）的模式，改变原有报道生产常规的偏向与组织影响的制约，借力用户智慧提升中国记者国际报道的品质。通过完善现有模式与尝试创新模式，为解决派出记者的国际新闻生产问题提供两种并行的可能路径。

第四章　球土化的跨国报道及展望

全球化给各行业带来深远的影响和程度各异的冲击，新闻行业如何被影响，本土新闻实践如何在全球化的浪潮中调适与变革？上述问题指向新闻行业变革与全球－本土化的关系，这个较为宏大的研究议题因其现实意义而受到新闻业界与学界的共同关注，需要不同国家、文化和社会语境下的经验研究作为实证样本、全球比较与理论建构的必要支撑。本书对中国新闻媒体跨国报道的研究，也是基于这种大的研究背景与视野，通过考察中国媒体派出记者到海外现场报道这样一种新的国际新闻生产模式，为考察全球－本土化与新闻行业的互动，提供中国语境下的经验研究样本，同时也关注本土新闻实践所面临的实际困境与存在的问题，提出可供参考的解决路径。

本书针对中国媒体，尤其是地方性新闻媒体，派出记者“空降”到国外新闻现场进行报道的现象，通过对不同类型空降记者的问卷调查与深度访谈，以及对空降记者国际报道文本的精读分析，沿着“厘清问题—分析问题—解决问题”这一脉络，探讨这种报道模式在从业者、生产常规以及媒介环境等三个维度存在的问题及其相应的解决途径。在此基础上进一步从“全球－本土化与新闻行业的互动”框架来观察和分析空降记者的出现、遭遇的困境、存在的问题和解决的路径，从而探讨在中国语境下，在“国际”与“国内”两股力量的碰撞、冲突与博弈的互动中，本土新闻实践如何受到影响、如何调适，“本土”力量如何反向作用于“全球”影响？本土新闻如何调动一种通过寻求突破、自我调整去适应变化的调适机制（adaptive mechanism），在“全球”与“本土”、

"国际"与"国内"的双向互动中生存与变革?

一、跨国报道的"国内化"与"国际化"

中国记者的跨国报道实践，正是这样一种典型案例，是中国新闻媒体在"全球"与"本土"的双向互动与共生中发生、发展与改变的报道实践。探讨这种模式所面临的困境、存在的问题与解决的路径，实质上是考察这种模式在"全球—本土化"的作用力下如何变化与调适的问题。中国媒体派出记者进行跨国采访报道的几种主要类型中：重大突发国际新闻、常规重要国际新闻、部分受邀采访或合作报道是国际报道本土化的体现，是国际新闻的"国内化"，跨国报道从"全球"到"本土"的过程；而大部分策划类的国际报道，以及部分受邀型或合作型的跨国报道则是国内新闻的"国际化"，是"本土"报道实践走向"全球"的过程。分析中国记者跨国报道的不同层面，从报道者、报道内容、传播渠道与受众、生产过程到传播生态环境，都存在"国内化"和"国际化"双向互动的特征，这种报道模式在新闻生产过程中遭遇的困境与问题，是在"国际"与"国内"两种因素作用之下进行调适的过程中所产生的问题。

从报道者层面，空降记者的增长说明国内新闻记者跨越了地域界限，超越了地域意义上的"国内"新闻记者定义，把"国内"新闻现场扩展到了"国外"，把采访报道的场域扩展到了"国外"，把采访对象与消息来源扩展到了"国外"。原本不出国门的国内新闻报道者成为空降记者，新闻现场国际化、工作语言国际化、工作方式国际化，意味着国内新闻报道者的一种"国际化"转型。平时做国内新闻的空降记者做国际报道，意味着国际报道者"国内化"和国内报道者"国际化"同时并存，也意味着空降记者应当同时具备国内报道和国际报道的专业技能与素养。空降记者平时报道国内新闻，对国际报道所需要的外语能力、资源经验、专业技能等，与驻外记者相比还有差距。因此，报道者层面的问题，根源于空降记者同时具有"国内报道者"与"国际报道者"的双重角色，却还未能具备从“国内”报道者到“国际”报道者角色转换的职业技能。报道者适应和胜任双重身份，完成从“国内报道者”到“国际报道者”的转型，是从业者通过自我调适去解决问题的过程。

空降记者报道国际新闻在报道选题角度、新闻采集、内容呈现等方面的“国内化”倾向，已在本书第三章第三节详细分析过，这种倾向反映了空降报道在生产常规维度从“国际”到“国内”的过程，也即是“国内”因素对“国际”新闻的作用与影响，这与国际新闻生产“国内化”的各国经验研究结果一致。但空降记者跨国报道中的大部分策划类报道，以及部分受邀型或合作型报道实质是“国内新闻”生产走向“国际”的过程，这类新闻从“本土”到“全球”的变化，同样也反映在报道的选题、内容、生产及影响等各环节。

从采访选题与内容角度来看，这类报道主要是国内新闻议题，但其生产过程在跨国语境下完成，为其报道内容加入国际化的视角。媒体受邀或合作类型的跨国报道中，部分邀请或合作来自国内政府、企业或组织，这类报道通常都是国内议题进行跨国报道。例如，CPJ033 号受访对象谈到其所在媒体接受过一些国内政府部门邀请（如：共青团中央、中宣部），组织国内记者组成代表团，到某些国家做定向访问，比如组织“丝绸之路”的采访，虽然是跨国采访，但报道主题“丝绸之路”及其现状及发展却是中国视角主导的国内新闻议题。CPJ002 号受访对象谈到所在单位接受侨办或外办邀请，随同采访地方政府出访交流活动等，报道现场虽在国外，新闻主题却是地方政府的对外交往。

除接受政府部门邀请外，国内企业也是一些跨国报道的邀请合作方，例如国内某航空公司新飞机或新增加的国外航线试飞，邀请媒体记者同行进行体验报道，采访跨越国境，议题却是国内航空企业的最新动向。（CPJ002 号受访对象）随着国内 IT 行业的国际化发展，一些网络游戏公司邀请行业媒体记者跨国采访，到该公司有业务发展或合作的国家进行采访。（CPJ029 号受访对象）中国影片在国外拍摄，投资方邀请国内媒体前往探班报道。（CPJ29 号受访对象）文化类新闻中此类受邀跨国采访也不少见，CPJ012 号受访对象谈到，省级党报一般会承担地方政府文体外宣的任务，例如受地方文化厅邀请报道其在国外的各类活动，也有艺术家邀请媒体报道其作品在国外的巡回展览或演出等活动。上述报道实际上都是到“国际”现场去报道“国内新闻”。

策划类的空降记者跨国报道多为通过跨国比较和借鉴的方式去挖掘与延展国内新闻议题。例如，CPJ019 号受访对象参加策划了“垃圾分类在国外”的跨国报道选题，此选题是为配合该报所在城市政府正在大力推行的垃圾分类政策，旨在为推行这种政策进行宣传、提供解读与借鉴，实质上是本地新政策的延展报道。随着中国政治、经济、文化与社会各层面的全球化涉入程度加深，很多国内新闻议题都可以从国际视野进行挖掘报道。一些议题是将国内新闻现场扩展到国外，例如某地方报纸推出的“春节在海外”专题；一些则是国内议题的国际勾连、比较与借鉴，例如某市级党报策划到新加坡采访的选题，是基于当时所在省份的经济形势与政策重心提出学习新加坡的总部经济模式，因此对新加坡总部经济模式与经验的跨国报道是对区域经济议题国际视野的延展、对比与借鉴（CPJ001 号受访对象）。

从传播渠道和效果来看，空降记者跨国报道也逐渐出现了从“国内”到“国际”的影响。新技术发展让媒体的全球和本土双向流动与互动在技术上成为可能，本土媒体在传播渠道、目标受众和传播效果方面的国际化程度有所增加。国内媒体的跨国报道，经过网络转载、应用程序（App）、微博、微信公众账号等社交媒体的移动互联终端推送与传播，到达传统传播渠道难以到达的国际受众，产生一定的国际传播效果。CPJ011 号受访对象在希腊采访一名当地华商时引用该采访对象称经营状况不佳，报道发在国内某省级党报上，后来意外得知该报道通过网络等途径被采访对象在希腊的生意往来各方看到，并据此判断该华商生意有倒闭风险，遂引发上门讨债风波。该记者谈及此事时坦言，完全未曾预料这篇发在国内地方媒体的报道通过网络渠道传播能产生如此遥远而真实的跨国后果。

CPJ020号受访对象谈到的情况则说明中文国际报道的受众和影响也能超越华人群体。由于体育记者出国采访受到入场采访证和经费等各种限制，一些记者在国外报道体育赛事的方式是想办法搞到与某位体育明星的合照，报道用中文发在国内，记者抱着被采访人无法得知的侥幸，通过资料整合炮制出一篇貌似独家专访的报道。报道通过网络渠道传播扩散，经由被采访对象经纪公司或粉丝翻译到达被采访对象，对方正式发表声明谴责这种虚假报道。这种行为对中国体育记者的名誉造成损失固然是职业伦理问题，但此事折射的另外一个事实是，国内报道经由国际化的传播渠道引发的此类国际传播效果与影响，连记者原本都未曾预料。在一个全球化范围和程度不断加深的地球村中，传播技术的国际化使单一语种的国内媒体跨国采访报道具有了国际传播和影响的可能性。技术发展为国内新闻的传播渠道与抵达受众增加了国际化的元素。

从生产过程与生态来看，国际化不仅意味着采访报道过程在国外的新闻现场进行，还在于空降期间记者们既受到本土操作惯习、媒介规制与职业观念的影响，也需面对所到国家新闻生产惯习、媒介规制与职业价值观差异所产生的碰撞、适应或冲突，从而在本土和异域、国内和国外两种媒介环境与传播生态中的扭力中寻求和达到一种调适与平衡。CJP0017受访对象在瑞典采访莫言获得诺贝尔奖的经历在第三章作为个案加以呈现，整个报道过程的出发、采访到写稿各环节，记者都要应对两种不同的报道场域，对国内的相关指令进行种种规避性的、策略性的操作，在国外要适应盛装的“仪式化”的颁奖“现场”与各种诉求交替上演的“政治化”的现场，既要适应当地不同的报道生态，又要受到国内各种因素制约，在两种场域的作用力之下通过各种途径与策略完成任务。

二、本土新闻媒体的“调适机制”

上述分析表明，中国记者的国际新闻报道，实际是本土新闻实践在“全球”与“本土”、“国际”与“国内”两种场域与语境的碰撞、冲突、互动中不断调适与变化的过程，是新闻“球土化”（国际新闻国内化、本土化）和“土球化”（国内新闻国际化、全球化）的双向共生与互动。这种双向互动体现在海外报道的传播者、传播内容、传播渠道与受众、生产过程与传播生态各层面。CJP0017 受访对象在瑞典报道的经历正是记者们通过各种途径试图在“国内”与“国外”两个报道场域的制约中适应和突破的经历，通过各种准备、技巧和策略，规避风险，适应颁奖的仪式化风格，展示了中国记者的一种自我调适的“适应智慧”。

记者个体的这种“适应智慧”，延伸到媒体组织和生产常规的层面，虽然刚刚发展的空降模式还存在问题，但这种报道实践的产生和迅速发展足以说明，在新闻全球化带来的冲击与挑战之下，中国的本土新闻媒体通过一种适应发展的“调适机制”（adaptive mechanism），一方面不断突破制度和政策限制，打破通讯社包办国际新闻的局面，参与海外报道自主生产，为自己争取从“国内”拓展到“国外”、从“本土”到“全球”的国际报道平台，以及与其他国家的新闻媒体同台竞争的机会；另一方面在国际报道生产中增加“国内”关联，同时为国内新闻拓展“国际”视角，通过把国际新闻“本土化”和把本土新闻“国际化”的双向策略，旨在生产有别于国际媒体和通讯社的国际报道，让本土的新闻报道在新闻全球化的冲击下仍具有独特的价值，赢得生存和发展的空间。对马航报道的批评，来自业界和学界的反思，面对批评，开始反思，寻找路径和更进一步的突破与发展，也是这种“自我调适”的表现。

在当前发展阶段来观察和讨论这种自我调适机制，可发现如下特征：第一，本土新闻媒体的调适机制主要体现在“生存”与“竞争”两个方面，通过突破体制制约争取自主报道的生存空间，通过国内报道“国际化”与国际报道“国内化”的双向策略赢得本土媒体在国际报道方面的差异化竞争。但是，通过双向策略来体现本土媒体国际报道的差异性和独特性还在实践摸索的阶段，存在不少问题，如何在规避国际新闻“国内化”偏向的同时体现国际新闻的本土相关性，还需要进一步探索和讨论。第二，本土新闻媒体的调适过程是一种持续的动态发展过程。“全球”与“本土”两股力量的影响与互动在不断发展变化，调适机制也随之发展变化。本书研究中国记者的国际新闻生产困境与问题，正是本土实践在不断调适过程中出现的问题，这种较新的报道模式，还处在调适的初期阶段，必然存在各种问题。影响这种动态变化的制约因素包括微观层面（从业者）、中观层面（生产常规与媒介环境）、宏观层面（社会文化与意识形态影响）等三个维度的不同因素，本书的影响因素框架主要针对中国媒体调适机制的微观与中观层面的影响要素，更为全面的研究还应涉及宏观层面的制约因素。

三、进一步的相关研究

本书就一种新型本土报道实践进行了微观与中观层面的研究，将之置于“全球－本土化与新闻变革”的研究框架下，又是中国语境下的一项经验研究，提供了对本土报道实践如何在全球－本土化的互动过程中产生与发展、遭遇困境、出现问题的观察，并试图总结本土新闻实践在调适与变革过程中受到何种因素制约。将这项研究置于更宏观的研究体系中，从本土的经验研究回归到相关的全球研究体系，探讨全球－本土化对新闻行业的影响，需要建立更系统化的研究框架与议题，需要更多本土案例与经验研究，才能发现更全面的规律，进行理论提炼与建构。

就这种研究而言，下列几方面相关问题需在今后研究中继续深入。首先是关于“调适机制”的进一步研究，深入考察新闻实践中的“全球”与“本土”如何互动。通过对来自不同媒体、不同类型的空降记者进行调查访谈，本书发现从空降记者个体层面到媒体组织层面，一方面在积极践行空降报道这种新模式，在实践过程中摸索更有效的突破方法；另一方面面对问题和批评，展开不同层面、不同程度的反思与改变。其中部分受访记者提到，马航报道以后，所在媒体特意组织了分享总结会，请参与报道的记者编辑和分管人员对报道得失进行分析总结，并与其他记者分享交流，新闻媒体的自我调适过程是动态持续的。但是，这种“调适”包含哪些维度和层面？不同类型的媒体在调适方面是否存在差异？有无共同规律？哪些因素制约和影响了新闻媒体国际报道的自我调适与发展？对上述问题的回答还需要更深入、更广泛的观察和调查。对“调适机制”的进一步研究，是在本土的经验研究与全球的研究体系之间建立一种关联，更深入地考察新闻媒体在全球－本土框架下的互动与变化。

其次，是对中国记者如何转型成为“国际记者”的进一步研究，即对新闻的“本土”实践如何走向“全球”的进一步研究。本书中对于空降记者如何转型的研究，主要针对中国记者当前面临的主要问题，即外语水平、经验资源、专业技能等迫在眉睫的现实问题。但从“本土”记者到“国际”记者，或者“全球（global)”记者的转型，从长远来看是职业技能、职业伦理、职业观念等多维度的转变，还需要更多讨论。在新闻记者和新闻行业如何适应“全球化”的研究方面，一些国外学者的相关研究值得借鉴。这些相关研究包括在本论文研究综述中所呈现的新闻职业伦理的全球化、跨文化重构研究，以及对新闻观念的全球比较和体系建构的研究。

当本土记者突破了技能的限制，新闻报道进一步国际化的障碍就不再是语言、资源和经验的问题，而是来自不同国家、不同文化的记者如何面对不同新闻观念的差异和冲突，不同背景的本土记者如何考虑报道的“国际责任”，如何培养“伦理的世界主义”的问题。虽然这些问题还没有成为中国记者跨国实践中的关注议程，但相关的前瞻性研究对于本土国际报道的发展和参与国际平台的对话具有深远意义。反之，对中国记者和中国媒体如何适应“全球化”的研究，也能为新闻观念与新闻伦理的“全球化”与“跨文化”比较与重构研究提供经验研究样本。

对全球新闻伦理和新闻理念体系的研究，对于进一步分析中国记者的职业伦理、角色定位与自我认同有重要参考价值。目前值得关注两项相关研究，一项研究指出培养记者的伦理世界主义（ethical cosmopolitanism）态度是全球伦理重构的有效方式，研究认为记者要对不同新闻伦理原则与标准进行彻底反思，将告知真相、人类尊严和非暴力原则作为构成全球新闻伦理的核心原则[①]。而伦理世界主义意味着跨国、跨文化报道的客观性是具有国际视角的客观性，不偏袒自己的国家和文化，明白自己对他国民众也肩负责任，力求促进全球公共空间的理性协商[②]。伦理的世界主义对于中国记者走向国际的意义在于，改变记者的新闻观念是不易的，要建构适用于不同国家、不同文化、不同背景的“全球新闻观念”是否必要和是否可能还有待探讨，但是各国记者参与国际报道的实践发展迅速，伦理规范的差异与偏向就会成为“全球”的问题。在新闻观念的“世界主义”尚未建立与普及以前，培养“伦理的世界主义”是一种更加可操作的选择。通过培养记者的伦理世界主义，首先培养记者对国际报道的伦理规范与责任意识，再逐步探讨跨国、跨文化报道中普适性新闻观念的可能。

另外一项值得关注的研究是关于新闻观念体系建构的探讨，这种探讨是在尊重新闻观念差异的前提下，就新闻观念及体系进行系统化、结构化的建构，将不同本土新闻观念纳入到一般性新闻观念体系中进行比较和讨论，从而进一步探索新闻观念“全球化”和“跨文化”的可能性。德国学者汉尼茨（Hanitzsch）提供了一种较为系统、全面的新闻观念体系框架[③]，如下图所示：

---

① Christians C. G.，“Universalism versus Communitarianism” in Fortner，R. S，Fackler，P. M.（ed）*The Handbook of Global Communication and Media Ethics Volume Ⅰ*，Chichester：Wiley－Blackwell，2011，pp393—414.

② Ward S. J. A.，“Philosophical Foundations for Global Journalism Ethics”，*Journal of Mass Media Ethics：Exploring Questions of Media Morality*，Vol. 20，No. 1，2005，pp3—21.

③ Hanitzsch T.，“Deconstructing Journalism Culture：Toward a Universal Theory” in Berkowitz. D. A.（ed）. *Cultural Meanings of News*. LA：Sage，2011，pp33—47.

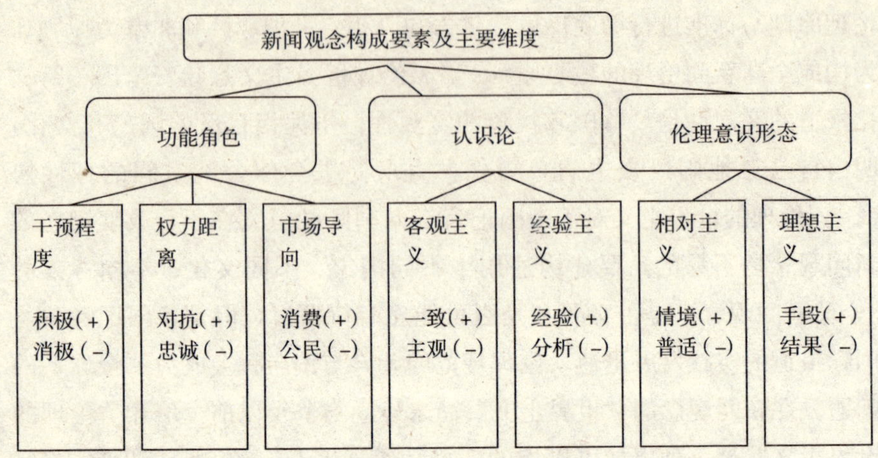

图4　新闻观念构成体系

如图所示，汉尼茨将新闻理念分为三大组成要素：功能角色、认识论与伦理意识形态。第一种要素，功能角色区分新闻的社会功能角色与社会责任。传统标准主要分为新闻应当是中立的“观察者”还是积极的“参与者”，但这种二维划分较少考虑文化差异，汉尼茨提供了三个维度的参照指标去涵盖和区分全球记者对新闻功能和社会角色的多元化认知，这三个维度包括“干预程度”、“权力距离”和“市场导向”，每个维度又通过不同向度再次细分。“干预程度”维度下的两个极端向度分别是积极和消极，分别代表新闻是积极的干预角色（主张参与、宣扬和引导的媒体作用），还是传统的消极中立观察角色（西方新闻观的主导思想）。第二个维度，“权力距离”区分记者对权力的立场，两个向度分别是对抗和忠诚，对抗立场挑战权力，媒体被视为看门狗和监督者；忠诚立场主张宣传和引导舆论，践行自我审查，认为新闻是政府或政党喉舌。第三个维度，“市场导向”关注媒体的社会功能是为公众利益服务还是为市场逻辑服务，前者将受众视为公民，后者将受众视为消费者，前者旨在促进公民社会发展，后者则以盈利为目标。

第二种要素，认识论针对新闻的哲学基础，讨论新闻是否能够传递真实的问题，分为“客观主义”与“经验主义”两个维度。“客观主义”

层面的两个极端向度，一致向度认为表达与存在之间是一致的，而主观向度认为新闻只是选择性的人类建构的现实。第二个维度，“经验主义”讨论真实如何被传递的问题，两个极端向度分别为经验向度和分析向度。倾向经验向度的记者重视报道的方法，认为真实需要通过调查、事实和经验才能表现，精确新闻主张就是倾向向度的典型表现；倾向分析向度的记者则更加重视推理、观点、价值观和分析，主要通过评论和立场去传达真实，认为客观真实是主观的积累。两个极端向度在现实中并不是主流，更常见的是二者之间的居中主张，以解释性新闻为代表。

第三个要素，伦理意识形态分为两个维度，“相对主义”与“理想主义”。“相对主义”维度针对对普适伦理的接受程度，从完全不接受的情境向度到完全接受的普适向度；“理想主义”维度关注对伦理困境的应对态度，手段向度相信在伦理困境中只有正确的手段才能达到好的结果；结果向度认为结果比手段更为重要，好的目的可以不择手段。相对主义和理想主义四个维度相互组合又可将记者在职业伦理方面的态度分为四种类型，分别为情境主义者（两个维度都高），情境主义记者拒绝抽象伦理，认为伦理要视乎具体情境；例外主义者（二者都低）相信普适伦理，认为为了好的结果可以使用争议手段；绝对主义者（高理想主义，低相对主义）认为一定要遵循规范相信普适伦理价值就会有好结果；主观主义者（高相对主义，低理想主义）不接受有伦理标准，更相信个人判断，认同有时候使用争议手段才能有好结果。

汉尼茨的理论体系通过三种要素七个维度涵盖了新闻理念的主要内涵，区分记者对新闻的社会功能和角色、新闻的客观性是否可能以及职业伦理规范等方面的多样化认知与态度。通过将不同新闻理念纳入该理论体系的指标，得以较为系统全面的对比既有各种新闻理念的异同，也不难理解在跨国、跨文化报道中出现新闻理念冲突的必然性，以及这种差异或冲突对新闻报道的影响。中国记者的伦理问题与职业角色定位的不确定性问题，亦可参照该理论框架进行更系统的探讨。目前学者们对中国记者职业角色与观念的分类以及调查框架并没有讨论新闻观念体系应该涵盖的各种维度和要素。应用此框架对中国记者的职业观念构成与分类进行更系统化、更全面的调查，在此基础上再进一步讨论本土新闻观念的特殊性，与其他新闻观念进行更全面的比较，新闻观念的“本土”才能与“全球”更好的交流与协商。

最后，从“全球”到“本土”的维度，值得进一步研究的问题是中国空降记者的跨国报道如何才能具有差异化？如何才能区别于同质化的、全球化的通讯社报道？地方媒体要生产怎么样的跨国报道，才能具有抗衡各种风险的独特价值？上述进一步研究是探讨新闻实践如何更好地从“国际”到“本土”的问题。目前中国媒体的“调适”办法是通过不同类型的报道，在没有涉华因素的国际新闻中增加国内视角，同时为国内报道增加国际视角来体现这种差异化和价值。这种做法导致一些问题的产生，比如国际新闻“国内化”会导致内容偏向的问题；而且“国内化”旨在关联本土受众，这种相关性易于流于表层，最终影响或遮蔽了对核心信息的挖掘。例如，在马航的报道中，对中国媒体只会煽情、祈祷的指责，实际上是受众对国际报道的本土“相关性”过于表面化表达不满。

通过策划报道选题把国内新闻议题“国际化”，在目前的跨国报道类型中并非最主要类型，但能够在一定程度上凸显“本土性”，尤其是一些重要策划选题，例如“垃圾分类在国外”的报道，从国际比较、借鉴的维度促进地方公共政策的讨论，从“国际”的角度关注本土受众关注的议题，进行一种更深入的、更有价值的“本土相关性”尝试。那么，非“国家队”的媒体是否应该把策划性报道作跨国跨文化报道的重点？地方媒体是否还有必要参与重大突发国际新闻的报道？没有直接涉华因素的重大报道，又该如何才能体现真正意义上的“本土相关性”？中国记者跨国报道所面临的如何从“国际”到“本土”的问题，也是不同类型、不同国家的国际报道普遍面临的问题，对中国“本土”经验的研究，有其“全球”意义的研究价值，值得在今后进一步追问与努力。

上述三方面的问题，在全球—本土化的框架下，围绕新闻媒体如何在“全球一本土”的双向影响中互动，如何更好地从本土融入国际，又如何从国际关联本土的追问，仍需将来进一步开展和深入。提出值得进一步研究的问题，一方面说明本书的研究力有不足，难以全面，也证明比较微观的“本土”问题研究，常常具有关照“全球”普遍性问题的研究价值和探讨意义。

附录一：调查问卷

跨国报道问题研究
调查问卷

尊敬的女士/先生：您好！

中国媒体派出越来越多记者到国外采访报道，我们正在对跨国、跨文化报道的问题展开研究，想就以下问题请教您的看法，您的意见将帮助我们进行深入的理论思考与实证分析，并将帮助我们探讨中国记者如何才能更好地报道国际新闻。热切期盼您对本研究提出宝贵的指导意见。非常感谢您的参与！

联系人：

2014 年 5 月

1. 您所在单位的类型属于下列哪类？

A. 国家级中文媒体　　B. 地方性中文媒体

C. 国家级外文媒体　　D. 地方性外文媒体

2. 您属于下列哪类跨国跨文化报道记者类型？

A. 驻外记者　　B. 有任务时才出国采访

C. 只在国内完成任务

3. 您的教育背景属于下列哪一类？

A. 新闻专业背景　　B. 语言类专业背景

C. 其他专业或多种专业背景请注明____

4. 您平时主要是负责哪种类型的报道？

A. 驻外记者什么类型的消息都报道

B. 主要负责国际新闻

C. 主要负责机动新闻

D. 主要负责其他板块的新闻（政文、财经、体育、娱乐、文化、摄影等）

5. 您对自己使用外语（英语或其他语种）进行工作的能力评价？

A. 外语能力达不到简单沟通水平

B. 简单沟通可以，但完成采访任务需要翻译帮助

C. 沟通与工作都能熟练使用外语完成

6. 除了出国采访，您是否有过其他出国经历？

A. 没有其他出国经历

B. 有出国经历，主要是短期旅行、访问、开会或其他原因

C. 有出国经历，在国外较长期的学习、工作和生活过（半年以上）

7. 您出国采访的情况比较符合下列哪种情况？

A. 我是传统的驻外记者，在任期内常驻某国外记者站

B. 单位越来越重视出国采访，愿意派出记者出国报道较重要的常规国际新闻

C. 单位只在发生跟中国或中国人相关的重大新闻时才会派记者出国采访

D. 单位不派记者出国，要求我们在国内通过新媒体和其他渠道完成工作

8. 您在跨国跨文化报道工作中遭遇过下列哪一种问题或困难？（可多选）

A. 语言能力欠缺导致的沟通、找人、采访和其他问题

B. 不熟悉所到国家或地区的制度、社会和文化习俗

C. 难以在截稿时间内找到足够的人脉、线索和消息来源

D. 和国内编辑的想法和要求不一致

E. 经费、时间和技术支持方面的欠缺造成工作难度

F. 工作碰到阻挠，与当地人或机构发生冲突

G. 报道国与中国的外交关系会影响我的报道立场和框架

H. 其他问题或困难请您在此补充：

9. 您在报道时秉持的新闻观或职业理念主要为下列哪种类型？

A. 新闻还是应该以正面报道为主，引导公众舆论，促进社会发展

B. 我认同专业主义，尽量做到客观、中立和平衡报道

C. 新闻应该发挥看门狗的监督功能，揭露权力腐败和社会不公

D. 倾向于市场化导向下把新闻看作商品，更重视受众需求

10. 对于在国外采写新闻报道，您的认识更倾向于下列哪种？

A. 跟在国内工作一样，以获取消息和报道新闻为主要任务

B. 国外报道有必要增加对外国社会文化制度等方面的背景介绍内容，让国内读者更了解新闻发生的社会背景和情景

C. 国外报道不仅要增加背景介绍，还应该对新闻事件本身加以阐释和解析，用释义性的手法去报道国际新闻

D. 国外报道应该有倾向性，可以增加记者的观点和评论，立场鲜明

11. 您在国外报道时对职业伦理的看法是？

A. 即使为了工作便利，也不会采用有争议或不符合职业伦理的报道手段

B. 在国外人生地不熟，有时为了完成工作会看情况采取争议性报道手段，例如隐蔽采访，隐瞒身份等

C. 如果是为了好的目的，可以使用争议手段，目的合理化手段，主要是看目的是不是为了公众利益

12. 您如何对待跨国报道可能导致负面后果的问题？（可多选）

A. 记者的职责是报道事实，不必考虑社会后果

B. 如果报道可能给报道对象或消息来源造成危害，我会采取匿名等技术手段处理，并告知采访对象注意风险

C. 如果报道可能给报道对象或消息来源造成危害，我会放弃报道。

D. 如果报道会给当地社会造成负面影响，我会调整内容甚至放弃报道。

E. 如果报道有可能影响中国与报道国的外交关系，我会调整内容或放弃报道。

13. 您在报道工作中是否经历过下列文化差异导致的问题或困难？（可多选）

A. 记者很难避免用自己的文化价值观去理解和判断外国的新闻事件

B. 中国文化价值体系会体现在对新闻事件的报道框架和解读中

C. 文化差异导致各国记者对同一新闻事件的不同框架、角度和立场

D. 在国外采访时间太短，对外国文化理解有限，可能导致对新闻事件的文化误读。

E. 我非常清楚地意识到文化差异的问题，并尽量避免影响自己的报道。

F. 相关其他问题请您补充说明：

14. 您出国采访前是否受过相关培训？（可多选）

A. 没有任何相关培训

B. 单位对所有记者都进行过常规的出国采访报道培训

C. 单位在派出记者前对相关记者进行简单注意事项告知

D. 单位在派出记者前对相关记者进行体系完整的跨国采访培训

E. 单位对派出记者在语言和跨文化交流方面进行专门培训

15. 您在跨国跨文化采访经历中是否还碰到其他问题或困难？请您说明一下。

16. 总体而言，您觉得在国内报道和在国外报道有什么异同？

17. 境外媒体报道中国常被批评不够客观全面有偏见，中国媒体报道其他国家和文化是否会面临同样问题？您觉得如何才能有效规避这一问题？

18. 你觉得中国记者出国采访是否有必要进行相关培训？你是否愿意参加？

19. 中国媒体越来越多涉足国际报道，中国记者跨国跨文化报道的机会也越来越多，您对此还有什么想法或建议？

20. 你觉得中国记者和外国记者相比有什么异同、特点或差距？

21. 与长期驻外记者相比，短期出国采访的记者对报道国的了解和体验不够深入，您怎么看待这个问题？

22. 你的单位对你出国采访报道有什么规定？提供什么样的支持和帮助？或者你是否受到限制？

您的姓名：＿＿＿＿＿＿　单位：＿＿＿＿＿＿＿＿　职务/职称：＿＿＿＿＿＿

您的联系方式：电话：＿＿＿＿＿＿　E－mail：＿＿＿＿＿＿＿

谢谢您的信任与参与！

附录二：访谈提纲

跨国报道问题研究
深度访谈提纲

1. 请谈谈您的基本情况，专业背景、外语水平、职业生涯和主要经历等。
2. 请简要谈谈您出国采访的经历，去过几次，到哪里，做什么新闻等等。
3. 您觉得地方媒体为什么做国际新闻呢？为什么不直接用新华社的报道呢？
4. 您觉得自己为什么被派到国外采访？什么样的记者会被选上？又或者说，跨国报道需要哪些素质或能力呢？
5. 你出国采访前是否受过专门培训？您觉得有必要吗？您认为对中国记者要怎么进行培训，才能更好地完成跨国报道？
6. 您在出国通过什么途径可以快速了解相关国家的制度、文化等背景信息？您出国前还做了哪些准备？
7. 您在跨国跨文化报道过程中碰到过什么样的问题和困难？您如何解决的？
8. 您在国外报道时的主要新闻来源是哪些？一般您通过什么途径去找线索？
9. 写稿的时候会跟编辑商量吗？有没有出现跟编辑意见不同的情况？

怎么处理？

10. 你采访过程中国内单位和编辑对您有帮助吗？你觉得需要后方提供哪些方面的帮助呢？
11. 您觉得各国记者之间有什么不同？相比之下中国记者有什么特点，长处或短处？
12. 空降记者（短期出国采访）和传统驻外记者相比，您认为问题和优势在哪里？
13. 您在国内报道和国外报道感觉有什么异同呢？
14. 介绍记者角色的主要类型（宣传者、参与者、观察者、营利者、新闻民工等类型），并询问受访记者的角色认知，以及在国外报道时的定位。
15. 我们总批评驻华记者对中国报道有偏见，国际报道能否避免偏见？您觉得如何才能做到客观报道国际新闻呢？个人价值观会不会影响报道？
16. 新技术在您的工作中发挥怎样的作用？什么样的技术和传播方式最有效？您觉得国际报道是否可以通过技术不到现场就能完成？
17. 对马航事件中中国媒体的表现您怎么看？很多人批评说中国媒体在很多新闻报道中能做到“到场”，但仅仅做到了到场，但还不具备和其他国际媒体记者竞争的实力，您怎么看待这一评价？什么限制了中国记者？
18. 您回国后单位有没有总结？如果您现在总结一下，您觉得自己去国外采访这个经历，有什么值得分享的经验吗？
19. 您认为长远来看中国媒体如何才能真正参与国际报道的竞争？
20. 对中国媒体跨国跨文化采访报道，您还有没有其他想法和补充？

参考文献

一、中文著作类

盖伊·塔奇曼:《做新闻》,麻争旗、刘笑盈、徐扬译,华夏出版社2008年版。

赫伯特·甘斯:《什么在决定新闻——对CBS晚间新闻、NBC夜间新闻、〈新闻周刊〉及〈时代〉周刊的研究》,石琳、李红涛译,北京大学出版社2009年版。

黄瑚:《新闻法规与新闻职业道德》,四川人民出版社1998年版。

杰夫·豪:《众包:大众力量缘何推动商业未来》,牛文静译,中信出版社2009年版。

李金铨:《超越西方霸权:传媒与文化中国的现代性》,牛津大学出版社2004年版。

刘熠:《叙事视角下的大学公共英语教师职业认同建构研究》,外语教学与研究出版社2011年版。

刘永芳:《归因理论与人力资源管理》,上海教育出版社2007年版。

刘永芳:《归因理论及其应用》,上海教育出版社2010年版。

单波:《跨文化传播的问题与可能性》,武汉大学出版社2010年版。

商娜红:《制度视野中的媒介伦理——职业主义与英美新闻自律》,山东人民出版社2006年版。

吴飞:《新闻专业主义研究》,中国人民大学出版社2009年版。

二、中文论文类（期刊论文、论文集、学位论文、报纸）

陈怀林：《90 年代中国传媒的制度演变》，《21 世纪（香港）》1999 年第 53 期。

陈思：《穹顶之外：中国媒体人应有的全球视野和行动力》，微信公众号《全球眼》，2015 年 3 月 3 日。

陈阳：《我国新闻生产的影响机制之研究：以妇女新闻为个案》，《新闻与传播研究》2006 年第 2 期。

陈中小路，刘韵珊：《“新闻众筹”的中国实验》，《南方周末》2013 年 12 月 6 日，见 http：//www. infzm. com/content/96452。

程曼丽：《美、俄、日、德主要报纸涉华报道分析》，《国际新闻界》2002 年第 4 期。

邓黎：《马航报道：中国记者在努力》，《新闻战线》2014 年第 5 期。

冯广圣：《长尾理论视域下“众筹新闻”现象研究》，《新闻界》2014 年第 12 期。

洪兵：《转型社会中的新闻生产——〈南方周末〉个案研究（1983 年—2001 年）》，复旦大学博士学位论文，2005 年。

何国平：《新闻媒体非规范行为论略——当前传媒失范的一种分析与治理思路》，《现代传播》2008 年第 3 期。

李亚玲：《畅想“众包”模式下的“新闻共产”》，《新闻爱好者》2013 年第 6 期。

李永玖：《众包概念下的互联网新闻信息采集模式、影响与未来》，《东南传播》2015 年第 2 期。

刘小彪：《京沪穗宁报纸国际新闻报道现状研究》，《新闻实践》2009 年第 3 期。

陆晔，潘忠党：《成名的想象：中国社会转型过程中新闻从业者的专业主义话语建构》，《新闻学研究》2002 年第 71 期。

罗昌平：《马航失联报道得失》，2014 年 3 月 21 日，见微信公号全媒派 http：//www. jizhezhan. net/article. php? id=490。

罗昌平：《威权陷阱与马来戈壁》，2014 年 3 月 15 日，见 http：//t. qq. com/p/t/233488036514795。

闾丘露薇：《他是不是真正的勇敢》，2015 年 2 月 5 日，见 http：//dajia. qq. com/blog/442365035896775。

马少华：《无法到达的新闻现场》，2014 年 3 月 18 日，见 http：//dajia. qq. com/blog/338631007998481. html。

P. 埃里克・劳：《海外报道》，转引自阿诺德・S. 戴比尔，约翰・C. 梅里尔主编：《全球新闻事业：重大议题与传媒体制》，华夏出版社 2010 年版。

钱进：《时差、节奏与驻华外国记者的新闻生产常规》，《新闻记者》2013 年第 5 期。

《两大众筹新闻网站：未来谁为新闻买单?》，腾讯新闻微信公号全媒派 2014 年 10 月 20 日。

芮必峰：《试论资本在新闻生产关系变革中的作用》，《国际新闻界》2009 年第 7 期。

孙英春，孙春霞：《跨文化传播的伦理空间》，《浙江学刊》2011 年第 4 期。

谭涵：《驻华记者都忙些什么》，《环球时报》2002 年 8 月 18 日。

谭顺秋：《国际新闻本地化报道的三种模式——〈佛山日报〉强化国际视野的新闻实践》，《中国记者》2013 年第 2 期。

腾瀚：《众包新闻：未来新闻报道中的一匹黑马》，《传媒观察》2014 年第 8 期。

王君超：《马航报道三问》，《新闻战线》2014 年第 5 期。

王君玲：《新闻生产社会学研究的范畴、理论与发展》，《东南传播》2008 年第 9 期。

王武彬：《2014 众筹平台上最火新闻项目！凭啥给它 100 块》，腾讯新闻微信公号全媒派，2015 年 1 月 13 日。

王勇：《网络时代的匿名传播伦理和跨文化传播伦理》，《东南传播》2007 年第 2 期。

许向东：《一个特殊群体的媒介投影——传媒再现中的“农民工”形象研究》，《国际新闻界》2009 年第 10 期。

杨靖：《国内化的国际新闻——从上海电视台的国际新闻制作看新闻传播的国内化》，《国际新闻界》2000 年第 5 期。

杨雨丹：《新闻惯习的产生与生产——惯习视角下的新闻生产》，《国际新闻界》2009 年第 11 期。

约翰 · C. 梅里尔：《西方全球新闻学理论导论》引自阿诺德 · S. 戴比尔，约翰 · C. 梅里尔主编：《全球新闻事业：重大议题与传媒体制》，华夏出版社 2010 年版。

曾明瑛：《论新媒体背景下的全球新闻伦理》，《西南大学学报》2010 年第 5 期。

展江：《新闻职业伦理四大争议问题评析》，《中国地质大学学报》2010 年第 3 期。

战琦，刘妍：《〈朝日新闻〉2008 年涉华报道研究》，《现代传播》2009 年第 6 期。

郑涵，牛海坤：《跨文化视野下国际传媒文化面临的新困境——全球新闻专业主义道德伦理之反思》，《上海大学学报》2010 年第 5 期。

张瓅尹：《跨文化新闻传播中的文化差异和因应策略》，《湖北社会科学》2011 年第 4 期。

张晋：《珠三角报纸在国际新闻报道领域的创新与探索》，《新闻实践》2009 年第 11 期。

张晓静：《跨文化传播中媒介刻板印象分析》，《当代传播》2007 年第 2 期。

张咏华，殷玉倩：《框架建构理论透视下的国外主流媒体涉华报道——以英国〈卫报〉2005 年关于中国的报道为分析样本》，《新闻记者》2006年第8期。

张志安：《编辑部场域中的新闻生产——〈南方都市报〉个案研究（1995－2005）》，复旦大学博士学位论文，2006年。

张志安，张京京，林功成：《新媒体环境下中国新闻从业者生态调查报告》引自张志安主编：《中国新闻业年度观察报告》，人民日报出版社2014年版。

周宁：《美国四大日报涉华报道分析》，《新闻记者》2007年第11期。

周庆安：《中国国际新闻报道的趋势与转型》，《新闻与写作》2011年第3期。

朱立，钟新：《从组织角度看国际新闻信息的流通》，《国际新闻界》1997年第2期。

三、外文类（著作、期刊论文）

Aitamurto T.，“The impact of crowdfunding on jounalism：case study of Spot. us，a platform for community－funded reporting”，*Journalism Practice*，Vol. 5，No. 4，2011.

Aitamurto T.，“Balancing between open and closed：co－creation in magazine journalism”，Digital Journalism，Vol. 1，No. 2，2013.

Banda F.，“ Negotiating journalism ethics in Zambia：Towards a ‘Glocal’ Ethics” in Ward S. J. A. Wasserman H（eds）. Media Ethics Beyond Borders：A Global Perspective. New York and London：Routledge，2010.

Barnett. R.，“Ethics in China's Wild West”，British Journalism Review，Vol. 19，No. 3，2008，pp49－56.

Berger. G.，“How the Internet Impacts On International News：Exploring Paradoxes of the Most Global Medium in a Time of ‘Hyperlocalism’”，International Communication Gazette.，Vol. 71，No5，2009.

Berkowitz D. A., Eko L, "Blasphemy as Sacred Rite/Right: 'The Mohammed Cartoons Affair' and Maintenance of Journalistic Ideology" in Berkowitz D. A. (ed) Cultural Meaning of News: A Text—Reader. Los Angeles: SAGE, 2011.

Boyd—Barrett O., *The International News Agencies*, London: Constable, 1980.

Chang T. K., "All countries not created equal to be news: World system and international communication", *Communication Research*, Vol25, 1998.

Chang T. K., Himelboim I., Dong D. "Open global networks, Closed international flows: World System and Political Economy of Hyperlinks in Cyberspace", *International Communication Gazette* Vol. 71, 2009.

Chang T. K., Lee. J. W, "Factors Affecting Gatekeepers' Selection of Foreign News: A National Survey of Newspaper Editors", Journalism Quarterly, Vol. 69, 1992.

Chang T. K., Shoemaker P., Brendlinger N. "Determinants of international news coverage in the US media", Communication Research, Vol. 14, 1987.

Chang T. K., Southwell B., Lee H. M., Hong Y., "A changing world, unchanging perspectives: American newspaper editors and enduring values in foreign news reporting", International Communication Gazette, Vol. 74, No. 4, 2012.

Charles J., Shore L., Todd R. "The New York Times coverage of equatorial and lower Africa", Journal of Communication, Vol. 29, 1979.

Christians C. G., "Utilitarianism in Media Ethics and Its Discontents", Journal of Mass Media Ethics: Exploring Questions of Media

Morality，Vol. 22，2007.

Christians C. G. ，“Cultural Diversity and Moral Relativism in Communication Ethics” in Nikolaev A. G. （ed）*Ethical Issues in International Communication*. Hampshire：Palgrave Macmillan，2011.

Christians C. G. ，“Universalism versus Communitarianism” in Fortner，R. S，Fackler P. M. （eds）*The Handbook of Global Communication and Media Ethics Volume Ⅰ*，Chichester：Wiley－Blackwell，2011.

Christians C. G. ，Rao. S. ，Ward. S. J. A，Wasserman. H. ，“Toward a Global Media Ethics：Theoretical Perspectives”，*African Journalism Studies*，Vol. 29，No. 2，2008.

Clausen L. ，“Localizing the Global：‘Domestication’ Processes in International News Production”，*Media，Culture & Society*，Vol. 26，No. 1，2004.

Cohen. A. A. ，Levy. M，Roeh. I，Gurevitch. M，*Global Newsrooms，Local Audiences：A Study of the Eurovision News Exchange*，London：John Libbey. 1995.

Dupree J. D. ，“International communication：View from ‘a window on the world’”，*The International Communication Gazette*，Vol. 17，1971.

Ettema J . S. ，Whitney D. C. ，Wackman D. B. “Professional Mass Communicators” in Berger. C. R. ，Chaffee. S. H. （eds）. *Handbook of Communication Science* . Newbury Park. CA：Sage Publications，1987.

Fackler P. M. ，Obonyo，L. ，Terpstra，M. ，Okaalet，E. ，“Media and Post－election Violence in Kenya” . In Fortner，R. S. ，Fackler，P. M. （eds）*The Handbook of Global Communication and Media Ethics Volume Ⅱ*，Chichester：Wiley－Blackwell，2011.

Fourie P. J. , "African Ubuntuism as a Framework for Media Ethics: Questions and Criticism" in Ward S. J. A. , Wasserman H. (eds) . *Media Ethics Beyond Borders: A Global Perspective*. New York and London: Routledge, 2010.

Galtung J. , "*Global Glasnost : Toward a New World Information and Communication Order?*" Cresskill, NJ : Hampton Press. 1992.

Galtung J. , Ruge M. H. "The structure of foreign news", *Journal of Peace Research*, Vol. 2, No. 1, 1965.

Golan G. , Wanta W. , "International elections on the US network news: An examination of factors affecting newsworthiness", *Gazette*, Vol. 65, No. 1, 2003.

Gurevitch M. , M. Levy, I. Roeh, "The Global Newsroom: Convergences and Diversities in the Globalisation of Television News" in Dahlgren P. , Sparks C. (eds) *Communications and Citizenship: Journalism and the Public Sphere in the New Media Age*. London: Routledge, 1991.

Hafez. K. , "International news coverage and the problem of media globalization: in search of a new global－local nexus", *Innovation*, Vol. 12, No. 1, 1999.

Hahn O. , "Transatlantic Foreign Reporting and Foreign Correspondents After 9/11: Trends in Reporting Europe in the United States", *The International Journal of Press/Politics*, Vol. 14, No. 4, 2009.

Hamilton. M. J. , "Foreign Correspondence: one age ends, another begins" . in Clarke J. , Bromley M. (eds), *International News in the Digital Age*, New York: Routhledge, 2012.

Hammady. I. R. , "Saving or Drowning? The Paradox of Attempting

Ethics in International News and Communication" in Nikolaev A. G. (ed) *Ethical Issues in International Communication*. Hampshire : Palgrave Macmillan, 2011.

Hanitzsch T. , "Deconstructing Journalism Culture: Toward a Universal Theory" in Berkowitz. D. A. (ed) . *Cultural Meanings of News*. LA: Sage, 2011.

Hanitzsch T. , Maria A. , Rosa B. , Incilay C. , Mihai C. , Basyouni H. , Folker H. , et al, "Modeling Perceived Influences on Journalism: Evidence from a Cross－National Survey of Journalists", *Journalism & Mass Communication Quarterly*, Vol. 87, No. 1, 2010.

Hanitzsch T. , Mellado C. , "What Shapes the News around the World? How Journalists in Eighteen Countries Perceive Influences on Their Work", *The International Journal of Press/Politics*, Vol. 16, 2011.

Hanitzsch. T. , Seethaler J. , Skewes E. A. (ect) . "Worlds of Journalism: Journalistic Cultures, Professional Autonomy. and Perceived Influences across 18 Nations" in Weaver. D. H. , Willnat. L. (ed) . *The Global Journalists in the 21st Century*. New York: Routledge, 2012.

Hayashi K, "Questioning Journalism Ethics in the Global Age—How Japanese News Media Report and Support Immigrant Law Revision" in Fortner, R. S. , Fackler P. M. (eds) *The Handbook of Global Communication and Media Ethics Volume Ⅱ*, Chichester: Wiley－Blackwell, 2011.

Hess S. , *International News and Foreign Correspondents*, Washington DC: The Brookings Institution, 1996.

Hester A. , "Theoretical Considerations in Predicting Volume and Direction of International Information Flow", *Gazette*, Vol. 19, 1973.

Howard R.，“Conflict Sensitive Journalism in Practice”，www.journalismethics.info/global_journalism_ethics/conflict_sensitivity_in_practice.htm.

Hunter A.，“Crowdfunding independent and freelance journalism：Negotiating journalistic norms of autonomy and objectivity”，*New Media & Society*. Vol. 17，No. 2，2015.

Ibrahim D.，“The framing of Islam on network news following the september 11th attacks”，*International Communication Gazette*，Vol. 72，No. 1，2010.

Ishii K.，“Is the U. S. over—reported in the Japanese press? Factors accounting for international news in the Asahi”，*Gazette*，Vol 57，1996.

Johnson. M. A.，“Predicting News Flow from Mexico”，*Journalism and Mass Communication Quarterly*，Vol. 74，1997.

Kariel H. G.，Rosenvall L. A. “Factors influencing international news flow”，*Journalism Quarterly*，Vol. 60，1984.

Kendall B.，“Diplomacy and Journalism” in Owen J.，Purdey H.（eds）. *International News Reporting：Frontlines and Deadlines*. Chichester：Wiley—Blackwell，2009.

Kenney R.，Akita K.，“When West Writes East：In Search of an Ethic for Cross—Cultural Interviewing”，*Journal of Mass Media Ethics：Exploring Questions of Media Morality*，Vol. 23，No. 4，2008.

Kester B.，“The Art of Balancing：Foreign Correspondence in Non—Democratic Countries：The Russian Case”，*International Communication Gazette*. Vol. 72，No. 1，2010.

Kim K.，“Organizational Determinants of International News Coverage in Korean Newspapers”，*International Communication Gazette*，Vol. 65，No. 1，2003.

Kim K.，Barnett G. A.，"The determinants of international news flow：A network analysis"，*Communication Research*，Vol. 23，No. 3，1996.

Kim H. S. "Gatekeeping International News：an attitudinal profile of US television journalists"，*Journal of Broadcasting and Electronic Media*，Vol. 46，No. 3，2002.

Lacy S.，Chang T.，Lau T，"Impact of Allocation Decisions and Market Factors on Foreign News Coverage"，*Newspaper Research Journal*，Vol. 10，1989.

Larson J. F.，"International Affairs Coverage on US Network Television"，*Journal of Communication*，Vol. 29，1979.

Larson J. F.，*Television's Window on the World：International Affairs Coverage on the US Networks.*，Norwood，NJ：Ablex，1984.

Lee C. C.，Yang J.，"Foreign news and national interest：Comparing U. S. and Japanese coverage of a Chinese student movement"，*International Communication Gazette*. Vol. 56，No. 1，1996.

Mann J.，"Framing China" in Giles R.，Snyder R. W.，Delisle. L. (eds) *Covering China*. New Brunswick：Transaction Publishers，2001.

Meyer. W. H.，"Global News Flows：Dependency and Neoimperialism"，*Comparative Political Studies*，Vol. 22，1989.

Mohamed A.，"Journalistic Ethics and Responsibility in Relation to Freedom of Expression：an Islamic Perspective" in Ward. S. J. A.，Wasserman H.（eds）.*Media Ethics Beyond Borders：A Global Perspective*. New York and London：Routledge，2010.

Mosco V.，*The Political Economy of Communication.*，London：SAGE Publications，1996.

Mowlana H.，*Global Information and World Communication：New Frontiers in International Relations*，London：Sage，1997.

Nossek H. , "Foreign News and the Construction of Reality: Between the Mondial and Mondo Cane", paper presented at the Conference on International News in the 21st Century, Leicester, UK: Centre for Mass Communication Research. March, 2000.

Nossek H. , " Our News and their News: The Role of National Identity in the Coverage of Foreign News", *Journalism*. Vol. 5, No. 3, 2004.

Novais R. A. , "National Influences in Foreign News : British and Portuguese Press Coverage of the Dili Massacre in East Timor", *International Communication Gazette*, Vol. 69, No. 6, 2007.

Oestgaard E. , "Factors Influencing the Flow of News", *Journal of Peace Research*, Vol. 2, 1965.

Olausson U. , "The diversified nature of 'domesticated' news discourse: The case of climate change in national news media". *Journalism Studies*, Vol. 15, No. 6, 2013.

Otto F. , Meyer C. O. , "Missing the story? Changes in foreign news reporting and their implications for conlict prevention" . *Media, War & Conflict*, Vol. 5, No. 3, 2012.

Palmer J. , Fontan V. , "Our ears and our eyes : Journalists and fixers in Iraq", *Journalism*, Vol. 8, No. 1, 2007.

Paterson C. A. , *The International Television News Agencies: The World from London*, New York: Peter Lang, 2011.

Paterson C. , Andresen K. , Hoxha A. , "The manufacture of an international news event: The day Kosovo was born", *Journlism*, Vol. 13, No. 1, 2012.

Pedelty M. , *War Stories: The Culture of Foreign Correspondents*. New York: Routledge, 1995.

Peterson S. , "Foreign News Gatekeepers and Criteria of Newsworthiness", *Journalism Quarterly*, Vol. 56, 1979.

Pietiläinen J., "Foreign News and Foreign Trade: What Kind of Relationship?", *International Communication Gazette*, Vol. 68, No. 3, 2006.

Preston P., *Making the News: Journalism and News Cultures in Europe*. London: Routledge, 2009.

Rao S., "Postcolonial Theory and Global Media Ethics: a Theoretical Intervention" in Ward. S. J. A., Wasserman H (eds). *Media Ethics Beyond Borders: A Global Perspective*. New York and London: Routledge, 2010.

Rao. S., "Glocal Media Ethics" in Fortner R. S., Fackler P. M. (eds) *The Handbook of Global Communication and Media Ethics Volume I*, Chichester: Wiley—Blackwell, 2011.

Rao S., Lee S. T., "Globalizing Media Ethics? An Assessment of Universal Ethics Among International Political Journalists", *Journal of Mass Media Ethics: Exploring Questions of Media Morality*, Vol. 20, 2005.

Rao. S., Wasserman. H. "Global Media Ethics Revisited : A Postcolonial Critique", *Global Media and Communication*, *Vol*. 3, 2007.

Robinson G. J., Sparkes V. M. "International news in the Canadian and American press: Comparative news flow study", *International Communication Gazette*, Vol. 22, 1976.

Rosengren K. E., "Four types of tables", *Journal of Communication*, Vol. 27, 1977, pp 67—75.

Wu D. H., "Systematic determinants of international news coverage", *Journal of Communication*, Vol. 50, No. 2, 2000.

Rosengren K. E., "Four types of tables", *Journal of Communica-*

tion, Vol. 27, 1977.

Sadig H. B. , Guta H. A. , "Peace Communication in Sudan: Toward Infusing a New Islamic Perspective" . In Fortner R. S. , Fackler P. M. (eds) *The Handbook of Global Communication and Media Ethics Volume Ⅱ* , Chichester: Wiley—Blackwell, 2011.

Schiller H. I. , *Communication and Cultural Domination*, White Plains. NY: International Artsand Science Press, 1976.

Schlesinger. D. , "The Future of News Services and International Reporting" in Owen, J. , Purdey, H. (ed) . *International News Reporting: Frontlines and Deadlines*. Chichester: Wiley —Blackwell, 2009.

Segev. E. , "Visible and invisible countries: News flow theory revised", *Journalism*, 1464884914521579. first published on March 5, 2014.

Shenhav S. R. , Rahat G. , Sheafer T. , "Testing the language -power assumption of critical discourse analysis: The case of Israel's legislative discourse", *Canadian Journal of Political Science*, Vol. 45, No. 1, 2012.

Shoemaker P. J. , Chang T. K. , Brendlinger N. "Deviance as a predictor of newsworthiness: Coverage of international events in the US media", *Communication Yearbook*, Vol. 10, 1986.

Shoemaker P. J. , Danielian L. H. , Brendlinger N. "Deviant acts, risky business and US interests: The newsworthiness of world events", *Journalism Quarterly*, Vol. 68, 1991.

Shoemaker P. J. , Reese S. D. , *Mediating The Message: Theories of Influences on Mass Media Content*, New York: Longman, 1996.

Simon G. , "Media Ethics in Ethiopia" . inWard S. J. A. , Wasserman H. (eds) . *Media Ethics Beyond Borders: A Global Perspective*.

New York and London：Routledge，2010.

Skurnik W. A. E. ，" A new look at foreign news coverage：External dependence or national interests? ，*African Studies Review*，Vol. 24，No1，1981.

Song Y. Y. ，Chang T. K. ，"The news and local production of the global：Regional press revisited in post—WTO China" . ，*International Communication Gazette* ，Vol. 75，No. 7，2013.

Sreberny—Mohammadi A. ， "How US media covers the world" . in Downing J. ，Mohammadi A. ，Sreberny—Mohammadi A. （eds） *Questioning the Media*：*A Critical Introduction*. London：Sage，1995.

Sreberny A. ，Stevenson R. ， "Comparative Analysis of International News Flow：An Example of Global Media Monitoring" in Nordenstreng K. ，Griffin M. （eds） *International Media Monitoring*. Cresskill，NJ：HamptonPress，1999.

Steiner L. "Feminist Ethics and Global Media" in Fortner R. S. ，Fackler，P. M. （eds） *The Handbook of Global Communication and Media Ethics Volume Ⅰ*. Chichester：Wiley—Blackwell，2011.

Stevenson. R. L. ，Cole R. R. ， "Issues in Foreign News" in Stevenson R. L. ，Shaw D. L. （eds） *Foreign News and the New World Information Order*. Iowa：Iowa State University Press，1984.

Tai. Z. ，Chang. T. K. ， "The Global News and the Pictures in Their Heads：A Comparative Analysis of Audience Interest，Editor Perceptions and Newspaper Coverage"，*International Communication Gazette*，Vol. 64，No. 3，2002.

Tehranian. M. ， "Peace Journalism ：Negotiating Global Media Ethics"，*The Harvard International Journal of Press/Politics*，Vol. 7，No. 2，2002.

Tomlinson J. ，*Cultural Imperialism*：*A Critical Introduction*. ，

Baltimore. MD: Johns Hopkins University Press., 1991.

Tsetsura K., Craig. D., Baisnee. O. "Professional Values, Ethics, and Norms of Foreign Correspondents" in Gross P., Kopper, G. G. (eds.) *Understanding Foreign Correspondence*, New York: Peter Lang Publishing, Inc, 2011.

Tunstall J., *The media are American*, New York: Columbia University Press, 1977.

Valérie B. G., "International news production and globalization [Review of the three books Al—Jazeera and U. S. war coverage, Transnational television in Europe: Reconfiguring global communication networks, and Global news production]", *Global Media Journal—Canadian Edition*. Vol. 4, No. 1, 2011.

Voakes P. S., "Social Influences on Journalists' Decision Making in Ethical Situations", *Journal of Mass Media Ethics*, Vol. 12, No. 1, 1997.

Wallerstein I., *The Modern World System.*, New York: Academic Press, 1974.

Ward S. J. A., "Philosophical Foundations for Global Journalism Ethics", *Journal of Mass Media Ethics: Exploring Questions of Media Morality.*, Vol. 20, No. 1, 2005.

Ward S. J. A., "Global Journalism Ethics: Widening the Conceptual Base", *Global Media Journal*, Vol. 1, No. 1, 2008.

Ward S. J. A., *Global Journalism Ethics*, Montreal & Kingston: McGill—Queen's University Press, 2010.

Ward S. J. A., "Summary of "Toward a Global Media Ethics: Theoretical Perspectives", *Journal of Mass Media Ethics*, Vol. 25, No. 1, 2010.

Wasburn P. C., *The Social Construction of International News*:

We are Talking about Them, *The are Talking about Us.*, Wesport, Connecticut, London: Praeger, 2002.

Wasserman H., "Media Ethics and Human Dignity in the Post—colony" in Ward S. J. A., Wasserman H (eds). *Media Ethics Beyond Borders: A Global Perspective.*, New York and London: Routledge, 2010.

Wasserman H., Rao. S, "The glocalization of journalism ethics", *Journalism*, Vol. 9, 2008.

Weaver D. H., Willnat L, "Journalists in the 21st Century: Conclusions" in Weaver D. H., Willnat L. (ed). *The Global Journalists in the 21st Century*. New York: Routledge, 2012.

Whitney C. D., Randall S. S., McQuail D., "News Media Production: Individuals, Organizations, and Institutions". in Downing J. D. H., McQuail. D., Schlesinger. P., Wartella. E. A. (eds). *The SAGE Handbook of Media Studies*. Thousand Oaks. CA: SAGE, 2004.

Willnat L., Martin J., "Foreign Correspondents—An Endangered Species?" in Weaver D. H., Willnat L. (eds). *The Global Journalists in the 21st Century*. New York: Routledge, 2012.

Willnat. L., Weaver. D, "Through their Eyes: The Work of Foreign Correspondents in the United States", *Journalism*, Vol. 4, No. 4, 2003.

Wu D. H., "Systematic determinants of international news coverage", *Journal of Communication*, Vol. 50, No. 2, 2000.

Wu D. H., "A brave new world for international news? Exploring the determinants of the coverage of foreign news on US Websites", *International Communication Gazette*, Vol. 69, No. 6, 2007.

Wu. D. H., Hamilton J. M, "US Foreign Correspondents: Changes and Continuity at the Turn of the Century", *International Commu-*

nication Gazette. Vol. 66，No. 6，2004.

Wu G. G.，"One head，many mouths：Diversifying press structures in reform China" in Lee C. C.（ed）Power，Money and Media：*Communication Patterns and Bureaucratic Control in Cultural China*. Evanston I. L：Northwestern University Press，2000.

Yin J.，"Ancient Roots and Contemporary Challenges—Asian Journalists Try to Find the Balance". in Fortner R. S.，Fackler P. M.（eds）*The Handbook of Global Communication and Media Ethics Volume Ⅱ*，Chichester：Wiley—Blackwell，2011.

Youicchi I.，"A Study of Psychological Factors of International Information Flows：News and TV Programs"，paper presented at the International Association for Media and Communication Research Conference，Portoroz，Slovania，June，1995.

Zhang. H.，Su. L.，"Chinese Media and Journalists in Transition"，in Weaver. D. H.，Willnat. L.（ed）*The Global Journalists in the 21st Century*. New York：Routledge，2012.

后　记

本书出版之际，于无声处动容。

许多不足和遗憾，留待今后“知耻而后勇”继续努力。

感谢导师单波教授的教导与宽容。感谢各位师长。

感谢接受问卷调查和深访的记者们。

感谢家人和挚友，托付岁月，同甘共苦。

这一段路跌宕，万般滋味尽尝。

学会承担，咽下遗憾。

生命脆弱又顽强，还有你们，还有意义，

下一程，人长久，心坦荡，尘满面，鬓如霜，又何妨。

唐佳梅

2016 年 10 月　于广州

责任编辑:贺　畅

图书在版编目(CIP)数据

中国新闻媒体跨国跨文化采访报道的困境与路径研究/唐佳梅 著. —北京:
　人民出版社,2017.4
ISBN 978-7-01-017337-5

Ⅰ.①中…　Ⅱ.①唐…　Ⅲ.①国际新闻-新闻工作-研究-中国
　Ⅳ.①G219.2

中国版本图书馆 CIP 数据核字(2017)第 026271 号

中国新闻媒体跨国跨文化采访报道的困境与路径研究
ZHONGGUO XINWEN MEITI KUAGUO KUA WENHUA
CAIFANG BAODAO DE KUNJING YU LUJING YANJIU

唐佳梅　著

人民出版社 出版发行
(100706　北京市东城区隆福寺街 99 号)

北京明恒达印务有限公司印刷　新华书店经销

2017 年 4 月第 1 版　2017 年 4 月北京第 1 次印刷
开本:710 毫米×1000 毫米 1/16　印张:12.5
字数:182 千字

ISBN 978-7-01-017337-5　定价:37.00 元

邮购地址 100706　北京市东城区隆福寺街 99 号
人民东方图书销售中心　电话 (010)65250042　65289539